彩图修订版

古人的生活世界

王宏超 著

中华书局

图书在版编目（CIP）数据

古人的生活世界:彩图修订版/王宏超著. —2 版. —北京:中华书局,2022.1
ISBN 978-7-101-15453-5

Ⅰ.古… Ⅱ.王… Ⅲ.社会生活-历史-中国-古代 Ⅳ.D691.9

中国版本图书馆 CIP 数据核字（2021）第 244817 号

书　　名	古人的生活世界（彩图修订版）
著　　者	王宏超
责任编辑	黄飞立
装帧设计	王铭基
出版发行	中华书局
	（北京市丰台区太平桥西里 38 号　100073）
	http://www.zhbc.com.cn
	E-mail:zhbc@zhbc.com.cn
印　　刷	北京市白帆印务有限公司
版　　次	2020 年 8 月北京第 1 版　2022 年 1 月北京第 2 版
	2022 年 1 月北京第 2 次印刷
规　　格	开本/920×1250 毫米　1/32
	印张 13　插页 2　字数 190 千字
印　　数	6001-14000 册
国际书号	ISBN 978-7-101-15453-5
定　　价	68.00 元

前　言

　　我们印象中的历史，总是充满了轰轰烈烈的事件、标志性的日期、载入史册的名人英雄，然而当我们稍微深入到历史的脉络之中，就会发现每个事件和人物背后，都潜藏着更为复杂的世界，就像水面下那个巨大的冰山。古代的历史著述，似乎都是一家一姓之历史，成了"皇帝家谱"（柳诒徵语），后来的历史写作，也多偏向于政治史、制度史、社会史及哲学史等宏大主题。美国人类学家罗伯特·芮德菲尔德（Robert Redfield）在《农民社会与文化》一书中，提出了著名的大传统（great tradition）和小传统（little tradition）理论。他认为大传统是精英阶层、知识分子所代表的经典文化，小传统是底层社会中农民所代表的民间文化。近些年的历史和文化研究，在这些宏大历史之外，逐渐对于民众的生活世界投注了更多的关注。

　　西方的新文化史、社会生活史、心态史、情感史、微观史、物质史等一系列令人眼花缭乱的研究兴起之后，不但挖掘了许多被历史湮没的史料及人物，更向我们呈现出一个异常丰富多姿的生活世界。古人的日常生活世界，尽管关涉的多是一些琐屑平凡之事，但却是和历史的变迁、时代的脉动以及精英的思想密切关联的。而且，精英的世界和底层的世界也不是截然二分的，二者存在交织的相互影响关系。正如葛兆光指出的，在二者之间，还存在着一个"一般知识、思想与信仰的世界"，这是"一种近乎平均值的知识、思想与信仰，作为底色或基石而存在，这种一般的知识、思想与信仰真正地在人们判断、解释、处理面前世界中起着作用"。(《中国思想史》第一卷)

所以，对日常生活的关注，并非是对宏大主题的排斥和回避，而是观察历史视角的转换，在政治、经济、军事、制度等之外，我们还能看到古人的衣食住行、喜怒哀乐，他们的经验、情感、交往、休闲等。这些是历史的底色和背景音。就像对于我们每个普通人来说，也许一百年以后，绝大多数都将会被历史所"遗忘"，我们因为"平凡"而难以被"载入史册"，但是我们当下的日常生活，对于生活在其中的人来说，却是重要且有意义的，对于理解当下的历史来说，也是至关重要的。

日常生活所涉及的方面很多，很难做到面面俱到的介绍。本书尝试分出一些类目，如饮食（五谷、肉食与蔬果）、逸兴（品茗、饮酒与抽烟）、姿态（形体、感觉与时尚）、娱乐（运动、游戏与休闲）、游逸（交通、旅行与游乐）、身份（文人、女性与儿童）、时间（假日、岁时与节庆）、空间（自然、乡村与城市），以及现代（西潮、都市与摩登）等，在每一类目之下选取一些侧面来介绍。分类既难完整，主题又难周全，但希望通过这些细节，略窥古人生活之一斑。

需要略作说明的是，本书所写的古人日常生活的一些细节，多侧重于休闲生活的部分，并力图从中体味古人闲雅的生活趣味。中国古人，尤其是深受儒家文化影响的读书人和农民，以勤勉奋进为美德，休闲活动或为繁忙劳作生活之调节，但却不以休闲享受为追求。儒家就连白天睡觉的行为都要加以批评，遑论奢侈的享乐生活。只有在功成名就、告老还乡，或五谷丰登、农闲时节，他们才会在心理上安享一段闲雅的生活时光。"世之仕宦归林下者，多筑园亭，购花鸟，招宾客，买歌舞，吹竹弹丝，为娱老消闲之具。"（清徐时作《菜堂节录》自序）但儒家思想中自有闲适之精神，孔子的学生曾皙说："莫春者，春服既成，冠者五六人，童子六七人，浴乎沂，风乎舞雩，咏而归。"（《论语·先进》）孔子喟然认同。郭象说："圣人虽在庙堂之上，然其心无异于山林之中。"（《庄子注》）出世和入世，山林与庙堂，正是古代文人精神的两个面向。

相比儒家，道家追求的正是闲雅自然的生活方式，"高人隐士，往往寄兴棋枰，消闲玩世"（冯梦龙《醒世恒言》第九卷）。道家的哲学更直接和深入地影响了中国人的闲雅生活。林语堂在《生活的艺术》中说："中国人之爱休闲，有着很多交织着的原因。中国人的性情，是经过了文学的熏陶和哲学的认可的。这种爱休闲的性情是由于酷爱人生而产生，并受了历代浪漫文学潜流的激荡，最后又由一种人生哲学——大体上可称它为道家哲学——承认它为合理近情的态度。中国人能囫囵地接受这种道家的人生观，可见他们的血液中原有着道家哲学的种子。"道家将人生艺术化，以超越的方式返观俗世，在精神上自有闲雅超拔之境界。

在现代社会快节奏的生活中，闲暇成了一种奢侈的追求。现代人的休闲生活，受到高压力、快节奏生活方式的影响，在"忙"碌之中挤出时间去休"闲"，成了现代人的生存悖论。"闲"在现代社会中不断地被符号化和消费主义化，这种异质化了的"闲"，其实也是"忙"的变体。忙与闲并非决然对立的范畴，它们只有节奏快慢的不同，忙碌的快节奏之下，并非没有闲暇的生活，而慢节奏的所谓"闲"的状态，也并非一定会带给人闲适之感。

同样，有人也会把闲的丧失归结为可自由支配时间的减少。闲的状态与余暇的时间有关，但却并非决然相关。自由支配的时间，会给休闲生活提供时间基础，但拥有空余时间却并不会必然给人带来轻松自由的感觉。中国古代的生活哲学中，"闲"有时代表着贬义，如"游手好闲"是常用来批评纨绔子弟的词语。清代社会安定之后，旗人在之前征战中形成的进取精神逐渐懈怠，有人批评说："满人之富贵者，养尊处优，娱悦耳目，以消岁月，恒宴如也。下等者月支钱粮，妻孥坐食。不务农，不从商，游手好闲，比比皆是。"（陈恒庆《谏书稀庵笔记》）

所以，"闲雅"之"闲"，更多的是一种生活和精神的境界，而并非只是时间上的充裕。我更愿意用"闲雅"来指代一种雅致的生活理想和闲适的生活态度，以及其背后包含的文化内涵和精神境界。

目 录

饮食：五谷、肉食与蔬果

饮食虽是一种生理需求，但一旦满足这一基本的需求，中国人就会在饮食上寻求更高的享受。中国食物强调色、香、味俱佳，这些是视觉、嗅觉、味觉等感官层面的享受。更深一层则会注重食物的文化、情感、审美等方面的意蕴。中国人善吃，但从不会停留于满足低级需求的层次，食物本身与享受食物的过程，都是中国人生活美学的重要体现。文人墨客更是通过饮食，来追求一种雅致的精神境界。

青菘绿韭古嘉蔬:
中国人的饮食追求

味觉上的追求

中国人在食物的味觉上，追求平淡自然的本味，这符合中国人的自然哲学。

《老子》说："为无为，事无事，味无味。"任何的人为雕琢都会使事物失真，过多的味料会遮蔽食物原本的天然之味，自然原味才是至味。

"如五谷，如菽麦，如瓜果，味皆淡。……今人务为浓厚者，殆失其味之正邪？古人称'鲜能知味'，不知其味之淡耳。"（明陈继儒《养生肤语》）所以很多人反对用过于浓重的调料来制作食物，吃到口中的只有调料的味道，而食物的味道则湮没不见了，就像有人批评的那样："都下庖制食物，凡鹅鸭鸡豕类，用料物炮炙，气味辛酸，已失本然之味。夫五味主淡，淡则味真。"（明陆树声《清暑笔谈》）

当然，中国的食物中也有丰富多元的味道，如甜、咸、酸、辣、苦等，似乎这些味道更接近于世俗大众的味觉标准，而清淡自然的本味更有文化的内涵。

视觉上的追求

中国食物的"色、香、味"，色为首，说明中国人对于食物外观的偏好。悦目是第一印象，美艳可人的外观会提升食客对食物的兴趣，也多少会掩盖其他方面可能的不足。

对食物外观的追求，也各有侧重。

有时强调的是保持食材本身的颜色："新津韭黄天下无，色如鹅黄三尺余。"（宋陆游《蔬食戏书》）"青菘绿韭古嘉蔬，纯丝菰白名三吴。"（宋陆游《菜羹》）

有时强调的是在烹饪过程中对火候恰到好处的把握。清人袁枚著名的《随园食单》中提到"红煨肉"的做法："或用甜酱，或用秋油，或竟不用秋油、甜酱。每肉一斤，

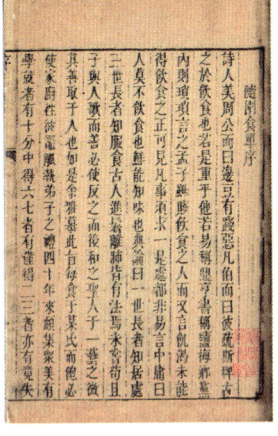

图 1-1 《随园食单》，古早《舌尖上的中国》

用盐三钱，纯酒煨之。亦有用水者，但须熬干水气。三种治法皆红如琥珀，不可加糖炒色。早起锅则黄，当可则红，过迟红色变紫，而精肉转硬。"火候的把握妙在一瞬之间，而这个时刻并非靠机械的时间来确定，而是依靠烹饪者的经验和感觉，恰如艺术家的直觉一般，做菜的过程也随之艺术化了。

有时追求的是食物之间色彩的搭配，使之错落有致，和谐统一。陆游的诗歌，尤其注意描写食物的色彩："黄甲如盘大，红丁似蜜甜。""素月度银汉，红螺斟玉醪。染丹梨半颊，斫雪蟹双螯。"（以上《对酒》）"鸡跖宜菰白，豚肩杂韭黄。""鲊香红糁熟，炙美绿椒新。"（以上《与村邻聚饮》）色彩斑斓，美不胜收。

有时追求的是食物的造型逼真生动，做出以假乱真的效果。佛教有食素的传统，但时间既久，不免有荤腥之念，于是有人发明出了以假乱真的用素食做成的"荤菜"，如唐代的崔安潜是佛教信徒，他"以面及蒟蒻之类染作颜色，用象豚肩、羊臑、脍炙之属，皆逼真也"（五代孙光宪《北梦琐言》卷三）。至今在一些寺庙中，还能吃到这类的食物。

名称上的追求

中国人对食物的讲究，也体现在对食物的命名上，在菜肴的命名上花了大量的心思。

图 1-2　晶莹剔透东坡肉

菜肴的名字或雅致、或通俗、或巧妙、或有趣，有时人们会忘记菜的味道，但其名字却成了被人长久回味的对象。

有些菜肴本是普通常见的，但往往因为一个名字而广为流传，如东坡肉、麻婆豆腐、夫妻肺片等。

还有如蒙古族的全羊席中，有一百多道菜，名字中却没有一个"羊"字，堪称绝妙：

采闻灵芝（羊鼻）、凤眼珍珠（羊睛）、千层梯丝（羊舌）、水晶明肚（羊肚）、吉祥如意（羊髓）、七孔设台（羊心）、文臣虎板（羊排）、烤红金枣（里脊）、酿麒麟顶（盖头）、鹿茸风穴（羊鼻）、金铳猩唇（上唇）、金熘翠绿（精肥肉）、凤眼玉珠（羊睛）、天开秦仑（耳根）、百子葫芦（葫芦门）、扣焖鹿肉（熟肉）、菊花百立（羊髓）、金丝绣球（羊肝）、甜蜜蜂窝（羊肚）、宝寺藏金（干肉）、虎保金丁（鲜肉）、御展龙肝（羊腰）、彩云子箭（羊肺）、冰雪翡翠（羊尾）、丝落水泉（羊舌）、丹心宝袋（羊心、散丹）、八仙过海（肚、心、胸、葫芦、散丹、腰子、肝、蹄）、青云登山（羊蹄）等。（王歆辉《中国蒙古族饮食文化初探》）

但花样翻新的名目带来的麻烦是，食客只见其名却不知实际为何物，过分追求新奇、雅致，却失去了名称本该有的指涉功能。

环境的追求

古人饮食讲究氛围和环境，或奢华或简淡，或热闹或清雅，或雅集或独酌，关键要能和饮食的功用与气氛相融洽。

在野外就餐尤其能体现士人风雅之趣，在大自然之中，品赏美景的同时，又能赋诗饮酒，实在是人生之快事。

图1-3 明仇英《春夜宴桃李园图》（局部），春夜、芳树、雅集，饮食环境完全艺术化

　　最适合野餐的时节是春天，踏青春游，饮酒作乐，历代这样的记载非常之多。"四野如市，往往就芳树之下，或园圃之间，罗列杯盘，互相劝酬。都城之歌儿舞女，遍满园亭，抵暮而归。"（宋孟元老《东京梦华录》卷七）为了防雨，古人已经发明了类似帐篷的"油幕"，不致因风雨而败兴。

　　向来以奢靡之风著称的杭州，春天宴游的场面更是奢华："宴于郊者，则就名园芳圃、奇花异木之处；宴于湖者，则彩舟画舫，款款撑驾，随处行乐。此日又有龙舟可观，都人不论贫富，倾城而出，笙歌鼎沸，鼓吹喧天，虽东京金明池未必如此之佳。殢酒贪欢，不觉日晚，红霞映水，月挂柳梢，歌韵清圆，乐声嘹亮，此时尚犹未绝。男跨雕鞍，女乘花轿，次第入城。"（宋吴自牧《梦粱录》卷二）饮食的环境也被艺术化了。

烹羊宰牛且为乐：
主副食、餐馆及其他

主食与副食

食物有主食、副食之说。

主食是最基本的食物，主要用以充饥，提供人体最基本的养分。中国的主食以米面熟食为主。

副食则是在吃饱的基础上，满足对食物丰富性和享受性的需要，包括蔬菜、肉食、水果等。

《黄帝内经·素问》中谈道："五谷为养，五果为助，五畜为益，五菜为充。"五谷为主食，五果、五畜、五菜均为副食。

五谷究竟是指哪几种谷类，向来有不同说法。唐代的王冰认为，五谷指粳米、小豆、麦、大豆、黄黍；五果包括枣、李、栗、杏、桃；五畜为牛、羊、猪、犬、鸡；五菜为葵、韭、藿、薤、葱。

先秦时期，中国北方的主食为小米类粮食。尽管小麦较早就从中亚传入，但并未大面积种植。历史学家许倬云认为，麦粒麸皮粗糙，不易消化，可能是小麦未被大规模推广的原因；而在东汉之后，磨制麦粉的技术成熟，小麦也逐渐流行开来，成为中国人尤其是北方人的主食。（许倬云《万古江河：中国历史文化的转折与开展》）

南方以稻米为主食，《隋书·地理志》说："江南之俗，火耕水耨，食鱼与稻。"南方气候温暖，地沃水足，很多地方水稻可以一岁三熟，所以粮食充足。中古以来，经历多次大规模的北人南徙，南方人口众多，也逐渐成为经济和文化中心，南方的发展与充足的粮食不无关系。

在农业社会中，对于普通人家来说，肉食是很难得的，因为饲养动物要投入一些成本，平民百姓也没有足够的经济实力经常购买。于是，能否"食肉"，成了划分社会阶层的外在标志之一：达官贵族被称为"食肉者"，普通百姓被称为"食蔬者"或"食菜者"。孟子在谈到自己的政治理想时，目标之一就是要让"七十者可以食肉"（《孟子·梁惠王上》）。

在经济条件较好的时代，食肉也会成为一般百姓的享受性追求。如向来以奢靡著称的南宋首都临安（今浙江杭州），就有许多肉铺，这也反映了南方富裕的经济条件。

古代的肉食以猪肉为首，大概是因为相比其他肉类而言，猪肉相对便宜，且肥瘦适宜，美味可口。据说苏东坡曾作《食猪肉》诗："黄州好猪肉，价钱等粪土。富者不肯吃，贫者不解煮。慢着火，少着水，火候足时他自美。每日起来打一碗，饱得自家君莫管。"苏东坡精通美食，点出了烧制猪肉之诀窍，后来广为流行的"东坡肉"，据说就源于此。

平淡饮食之乐

　　人们对食物最基本的需求是饱腹，在古代社会中的多数时间内，人们都面临着食物的短缺。但中国人在日常平淡的生活中，也会在有限的条件下从食物中找到滋味和快乐。

　　比如唐代贫寒人家的饮食有"三白"之说："萝卜，贫寒之家与盐、饭偕行，号为'三白'。"（唐杨晔《膳夫经手录》）

　　据传苏东坡曾对朋友说，自己年轻应考之时曾与弟弟每日享用"三白"，觉得"食之甚美，不复信世间有八珍也"。朋友不解，问他何为"三白"，苏东坡回答说："一撮盐，一碟生萝卜，一碗饭，乃三白也。"（宋朱弁《曲洧旧闻》卷六）

　　陆游《园中晚饭示儿子》说："盘餐莫恨无兼味，自绕荒畦摘芥菘。"芥菜、大白菜，就是贫寒之家主要的蔬菜，北方地区至今还有在冬天储藏大白菜的习

图 1-4　清恽寿平笔下的萝卜

惯。在冬季，芥菜、大白菜这些蔬菜经过腌制后，就成为普通人家最主要的菜食，如陆游另一首诗《幽兴》曰："芥菘渐美盐醯足，谁共贫家一釜羹？"

豪奢的宴席

饮食的豪奢，在宫廷之中可谓体现得淋漓尽致。

《周礼》说到为周天子服务的宫廷官吏有 4 000 多人，其中负责管理饮食的就有 2 200 多人，数字或容商榷，但由此也可看出饮食方面的气派和奢侈。

图 1-5　唐墓壁画中的豪奢宴饮

明清时期，随着经济的繁荣，社会上逐渐形成了消费主义倾向的奢侈之风，这种风气在饮食领域体现得最为突出。

富家巨室常会举行豪奢的宴席，如明代文人谢肇淛《五杂组》写道："今之富家巨室，穷山之珍，竭水之错，南方之蛎房，北方之熊掌，东海之鳆炙，西域之马奶，真昔人所谓富有小四海者，一筵之费，竭中家之产不能办也。"这样的场面十分豪华，但在当时却是普遍的风气。

从晚明一直到清代中叶，此种风气在江南都十分流行，珍稀食物如燕窝、鱼翅等，竟然成为宴席必备菜肴。

当时很多人对此加以批评，上引谢肇淛那段话之后，作者接着说，这样的豪奢用来"明得意，示豪举，则可矣，习以为常，不惟开子孙骄溢之门，亦恐折此生有限之福"。

谢肇淛的话说得比较温和，意思是说如果偶尔如此铺张一次，以显示自己的财富和地位，也未尝不可，但不可把这样的豪奢之举当作常态。

古代的餐馆

中国人很注重宴请，逢年过节、婚丧嫁娶、进举登科、庆生寿诞、建房开业等，都要置办酒席，邀请亲友，以示庆贺，趁机联络亲谊。中国人的血缘关系及社会关系，也多是通过这样的宴请来加强的。

饭店是最能体现中国人闲暇生活的去处，古代饭店业非常发达。比如南宋临安，与饮食有关的店铺（包括酒楼、饭店、面店、茶肆等），占城中所有店铺的三分之二左右，且遍布城市各个角落。

当时由朝廷开办的官方酒楼有和乐楼、中和楼、太和楼、和丰楼、春风楼、太平楼、丰乐楼、西溪库、南外库、北外库等十余家，而民间的著名酒楼有熙春楼、日新楼、三元楼、花月楼、赏心楼等十八家。（宋周密《武林旧事》卷六）

这些饭店非常高档，装潢豪华，门口有醒目的招牌，内部空间宽绰，分设多个包间，环境优雅安静。所有的摆设十分精美，使用的餐具做工精良，不乏金银制品。就餐时还有乐舞助兴，尽显排场。

图1-6 《清明上河图》中临河而建的饭店

也有一些小饭馆，分布在大街小巷，提供基本的饮食服务。还有一些流动摊贩，不论早晚，都能见到他们的身影。《梦粱录》谈到在杭州，"如顶盘担架卖市食，至三更不绝。冬月虽大雨雪，亦有夜市盘卖"。

饭店的服务周到，《梦粱

录》中提到："杭人侈甚，百端呼索取覆，或热，或冷，或温，或绝冷，精浇燠烧，呼客随意索唤。"大概是杭州人比较讲究，饭菜一旦冷热有变，就叫店家来处理，店家也尽量满足所有人的需求。

宋代的饭店大致分为分茶店、羊饭店、南食店、素食店、衢州店等。

分茶店是综合性的饭店，提供各种常见饭菜；羊饭店主要提供北方风味菜肴；南食店则以南方风味为主；素食店主要满足素食者与佛教徒的饮食需要；衢州店是一种提供家常口味饭菜的饭馆。

古人在重要的仪式上要宴请宾客，有欢庆类的宴席，如结婚、中举、升官、寿诞等，也有丧礼、祭祀仪式中的酒席等。

大户人家可以自己张罗，但有些人家或没有如此多的人手和场地来准备仪式和酒菜，于是就有专门的酒店代为全盘操办。《武林旧事》中称这类饭店为"茶酒厨子"，专门处理宴席的所有流程和物品，举凡"花檐、酒檐、首饰、衣服、被卧、轿子、布囊、酒器、帏设、动用、盘合、丧具，凡吉凶之事，自有所谓'茶酒厨子'专任饮食请客宴席之事。凡合用之物，一切赁至，不劳余力。虽广席盛设，亦可咄嗟办也"。服务周到专业，不让今日。

由于宴请之风兴盛，杭州逐渐形成了一种新的服务业，称为"四司六局"。

四司包括帐设司、茶酒司、厨司和台盘司。帐设司主要负责环境布置，包括仰尘、桌帏、搭席、帘幕、屏风等；茶酒司负责招待，包括邀请和迎送宾客、传语取覆、送茶斟酒等；厨司负责食物制作，包括打料批切、烹制菜肴等；台盘司负责饭菜上桌、接盏、清洗盘碗等。

六局包括果子局、蜜煎（饯）局、菜蔬局、油烛局、香药局、排办局等。果子局负责采购配制新鲜水果等，蜜煎局采办蜜饯类干果，菜蔬局负责各种蔬菜采购，油烛局负责灯火照明，香药局负责置备各种香料，排办局负责装饰、洒扫等。

它们分工明确，各司其职，从而也大大提高了效率。南宋笔记《都城纪胜》就说："官府贵家置四司六局，各有所掌，故筵席排当，凡事整齐，都下街市亦有之，常时人户每遇礼席，以钱倩之，皆可办也。"

青蒿黄韭试春盘：岁时饮馔

三

对于古代的普通人来说，食物不够丰富，平日生活非常节俭，但一般也会在节假日时"放纵"一下，添置新衣服，备置美食，所以节假日就成了中国人难得的享受美食的时刻，尽管这种享受还是要受到自身经济条件的制约。

历来的节日消费中，饮食方面的花费是最多的。节日期间的食物花样百出，和平时单调的食物完全不同。

清人所作《杭俗遗风》中对节令点心有一段描写，足见节日食物之丰富：

四时八节之点心，如新年吃年糕，上灯夜吃灯圆儿，十五吃元宵，落灯吃年糕，清明吃清白汤团，立夏吃乌饭糕、夏饼，端午吃粽子，六月廿三吃麦糕，中元吃馄饨、石花，中秋吃月饼，重阳吃栗糕，十月朝、冬至、新春、年下均吃年糕……茶食店所卖各样细点，不下数百件，不及备载。

春季

正月：立春是二十四节气中的第一个，古人非常重视立春风俗，立春常吃春盘、五辛菜。李时珍《本草纲目》："五辛菜，乃元旦、立春，以葱、蒜、韭、蓼蒿、芥辛嫩之菜，杂和食之，取迎新之意，谓之五辛盘。"苏轼的诗中也说："渐觉东风料峭寒，青蒿黄韭试春盘。"（《送范德孺》）

大年初一为"三元之日"，北方流行吃饺子，"无论贫富贵贱，皆以白面作角（饺）而食之，谓之煮饽饽。举国皆然，无不同也"（清富察敦崇《燕京岁时记》）。饺子中还包有钱币，以卜一年的时运。古代还流行把柿饼、荔枝、圆眼、栗子、熟枣等装在一起，称之为"百事大吉盒儿"，以求吉祥如意。（明刘若愚《酌中志》卷二十）

正月初七是"人日"，北方人吃煎饼，"北人以人日食煎饼于庭中，俗云熏天"（《述征记》）；而南方人则食菜羹，"人日，以七种菜为羹"（梁宗懔《荆楚岁时记》）。正月十五元宵节，吃元宵、豆粥、科斗羹、蚕丝饭、盐豉汤、馄饨汤等。其中元宵是最重要的节令美食。

二月：二月初一为中和节（后变为二月初二），俗称"龙抬头"。在此日，"民间以青囊盛百谷瓜果种相问遗，号为'献生子'"（《新唐书·李泌传》）。有些地方还要吃富贵果子、太阳糕、

图 1-7 明文徵明《兰亭修禊图》展现的上巳节（三月三）曲水流觞场景

撑腰糕等。《燕京岁时记》中说："二月初一日，市人以米面团成小饼，五枚一层，上贯以寸余小鸡，谓之太阳糕。"

三月：二、三月间有寒食节、清明节，寒食节以吃冷食为主，吃麦粥、麦糕、乳酪、枣糕等。清明节的饮食类似于寒食节，"唐朝清明宴百官，肴皆冷食"（宋蔡绦《西清诗话》）。

三月初三的上巳节，是一年中的主要节日之一，古人外出春游，曲水流觞。王羲之等人在兰亭禊饮，王羲之书写《兰亭序》，使得这一次聚会成为千古美谈。

夏季

四月：三、四月间的立夏日，民间流行吃李子、樱桃、香梅、蚕豆、七家茶、五色饭、百草饼等。"立夏日俗尚啖李。时人语曰：立夏得食李，能令颜色美。故是日妇女作李会，取李汁和酒饮之，谓之'驻色酒'。"（《元池说林》）四月八日是浴佛节，所食多与佛教有关，如糕糜（糖粥）、不落荚（类似粽子）、结缘豆、黑豆饭、青精饭等。

五月：端午节要吃粽子（角黍）、鸭蛋，喝雄黄酒等，亲邻之间也以这些食物相馈赠，南方各地也流行吃石首鱼（黄花鱼），"虽贫家必买石首鱼烹食"（康熙《嘉定县志》卷四）。晚清著名文人王韬曾观察到这种现象："吴俗最尚此鱼，每尝新时，不惜重价，故有'典帐买黄鱼'之谚。"（《瀛壖杂志》卷一）

六月：夏日三伏，天气炎热，食物也以消暑降温为特色，浮瓜沉李、暑汤冰盘，消夏的食物也非常丰富。像北京流行的《北平俗曲十二景》中谈到消夏的食物："六月三伏好热天，什刹海前正好赏莲。男男女女人不断，听完大鼓书，再听'十不闲'。逛河沿，果子摊儿全，西瓜香瓜杠口甜，冰儿镇的酸梅汤，打冰盏，买了把子莲蓬，转回家园。"

秋季

七月：七月七日是"乞巧节"，也是古代的女儿节。这一天非常热闹，常见的食物有糜粥、汤饼、煎饼、巧水、巧果、果茶等。"魏时人或问董勋云：七月七日为良日，饮食不同于古，何也？勋云：七月黍熟，七日为阳数，故以糜为珍。今北人唯设汤饼，无复有糜矣。"（西晋周处《风土记》）

八月：在立秋日，一般吃莲蓬、西瓜、莲藕等。《酌中志》中说："立秋之日戴楸叶，吃莲蓬、藕，晒伏姜，赏茉莉、栀子、兰、芙蓉等花。"

中秋节要吃月饼，也以月饼来馈赠亲友，"民间以月饼相馈遗"（康熙《杭州府志》卷六）。中秋夜合家欢宴，或临池赏月，或荡舟水上，其乐融融，人月双圆。"设酒舟中，或放灯船，集南湖，丝竹歌吹之声彻夜。"（嘉庆《嘉兴县志》卷十七）

九月：九月九日重阳节，登高思亲，这一天要喝菊花酒，吃菊花糕，糕点种类很丰富。清代潘荣陛《帝京岁时纪胜》写道："京师重阳节，花糕极胜。有油糖果炉作者，有发面垒果蒸成者，有江米黄米捣成者。皆剪五色彩旗以为标帜。市人争买，供家堂、馈亲友。小儿辈又以酸枣捣糕，火炙脆枣，糖拌果干，线穿山楂，绕街卖之。"

冬季

十月：十月一日有"暖寒"活动，迎接冬天到来，"民间皆置酒作暖炉会"（宋孟元老《东京梦华录》卷九）。除饮酒之外，也有一些季节食物，比如冰糖葫芦。"冰糖壶卢，乃用竹签贯以葡萄、山药豆、海棠果、山里红等物，蘸以冰糖，甜脆而凉，冬夜食之，颇能去煤炭之气。"（清富察敦崇《燕京岁时记》）

十一月：冬至也是很重要的节日，民间对冬至的重视程度不亚于春节。关于明代苏州地区节令习俗的著作《清嘉录》写道："郡人最重冬至节，先日，亲朋各以食物相馈遗，提筐担盒，充斥道路，俗呼'冬至盘'。节前一夕，俗呼'冬至夜'。是夜，人家更速燕饮，谓之节酒。……诸凡仪文，加于常节，故有'冬至大如年'之谚。"南方有一种冬至节专门吃的"冬至团"，"磨粉为团，以糖、肉、菜、果、豇豆沙、芦菔丝等为馅"（清顾禄《清嘉录》卷十一），用来祭祀和馈赠。北方有在冬至吃饺子的风俗，至今还有"冬至不端饺子碗，冻掉耳朵没人管"的谚语。

十二月：腊月初八为"腊日"，或称"腊八"，最有名的就是腊八粥，另外还有腊八蒜。腊月二十四（或前后一天）为祭灶日，灶神上天汇报工作，"月晦之夜，灶神亦上天白人罪状"（晋葛洪《抱朴子·微旨》）。为了防止灶神说坏话，就给灶神供奉灶糖，以粘住灶神的嘴巴。

中国人重视团圆，尤其是除夕，一起吃年夜饭，家庭举宴，长幼咸集，年夜饭古代也称"合家欢"。春节期间拜访亲友，也多是以食物作为礼物，南方流行送年糕、春饼、春盘，寓有吉祥之意。

桑下春蔬绿满畦：
古代的蔬菜

四

在古代士大夫阶层中，较之肉食，他们更加青睐蔬菜。明人唐寅说："菜之味兮不可轻，人无此味将何行？"（《爱菜词》）

蔬菜不但是人们生活中最基本的食物，也是田园之中最主要的风景。"桑下春蔬绿满畦，菘心青嫩芥薹肥。""紫青莼菜卷荷香，玉雪芹芽拔薤长。"（宋范成大《四时田园杂兴》）院前屋后，蔬果成行，会给人一种安稳殷实、生机勃勃的感觉。

蔬菜的种类

古代的蔬菜品种很丰富，元代的贡师泰有一首《学圃吟》，其中就出现了三十三种蔬菜的名字，清新自然，美不胜收。利玛窦认为，他所见的中国蔬菜，其丰富程度远超欧洲。清代汪灏所编《广群芳谱》中，收录了九大类一百多种蔬菜，九类包括：辛荤、园蔬、野蔬、水蔬、食根、食实、菌属、奇蔬、杂蔬。

图 1-8 恽寿平笔下的白菜

图 1-9 恽寿平笔下的芋头

叶类蔬菜 占据蔬菜的大多数。有学者统计中国古典文学作品中常见的叶类蔬菜，主要有八种：韭、大白菜（菘）、芥菜、苋、莴苣、蕹荞（薤）、菠菜（波陵、菠薐）、空心菜（蕹菜）。其中菠菜、空心菜是外来品种，大概在明清之后才多见诸诗词作品。（潘富俊《草木缘情：中国古典文学中的植物世界》）

根类蔬菜 最常见的是芜菁和萝卜。《诗经》曰"采葑采菲，无以下体"（《诗经·邶风·谷风》），"葑"就是芜菁，"菲"就是萝卜。尤其是萝卜，在中国的蔬菜中占据重要的地位，既可以作蔬菜，又可以当水果；既可食根，又可食叶；既能充饥，又能养生。《群芳谱》说萝卜"可生可熟，可菹可齑，可酱可豉，可醋可糖，可腊可饭，乃蔬中最有益者"。

果类蔬菜 就是以植物果实入菜者。主要是茄子和各种瓜类，包括匏瓜、丝瓜、冬瓜、苦瓜、南瓜、黄瓜等。

香辛类蔬菜 包括葱、姜、蒜、花椒、水蓼、蘘荷、紫苏、老藤、胡椒、怀香、芫荽、罗勒、辣椒等具有强烈香味或刺激性气味的蔬菜，多用于调味之用。

图 1-10 恽寿平笔下的茄子

木本蔬菜 有些灌木或乔木的枝叶、花果等可以入菜，如槐树、榆树、香椿、棕榈等。槐花、槐叶都能入菜，宋代王禹偁有诗曰："子美重槐叶，直欲献至尊。"（《甘菊冷淘》）可见杜甫对槐叶的喜爱。

豆类蔬菜 包括豌豆、扁豆、蚕豆、豇豆、绿豆等。如豌豆苗，是中国人喜爱的蔬菜之一，"樱桃豌豆分儿女，草草春风又一年"（元方回《春晚杂兴》）。"篱头未下丝瓜种，墙脚先开蚕豆花"（清陆世仪《春日田园杂兴》），描写的是丝瓜与蚕豆。

野菜

蔬菜其实最初都是野生的，只不过人们把一些适合食用的植物加以培育，慢慢成了种植蔬菜。

《说文解字》中解释"菜"时就说："菜，草之可食者。"而一些野菜其实也是至上的美味。

古代常见的野菜包括蒌蒿、蕨、野豌豆、苦菜、荠菜、冬葵、苜蓿、落葵、荇菜、莼菜、水芹等。

如莼菜，后来成为江南著名美食之一，赞美莼菜的诗文所在多有，唐陆龟蒙就在诗中写道："横眠木榻忘华荐，对食露葵轻八珍。"（《奉酬袭美苦雨见寄》）"露葵"就是莼菜，吃过莼菜之后，有种"轻八珍"的感觉。

野菜常会给人带来别致的美味享受，黄庭坚《观化》写道："竹笋初生黄犊角，蕨芽已作小儿拳。试挑野菜炊香饭，便是江南二月天。"

腌菜

在冬季，尤其是北方，时令蔬菜减少，为了过冬的需要，每户人家要储存一些便于长时间保存的蔬菜，如大白菜、萝卜等，或者腌制咸菜，以备过冬。

腌菜在冬天广受欢迎，被视为美味，陆游专门写过《咸虀十韵》，描述了咸菜腌制的过程，以及对咸菜的感受：

> 九月十月屋瓦霜，家人共畏畦蔬黄。
>
> 小罌大瓮盛涤濯，青菘绿韭谨蓄藏。
>
> 天气初寒手诀妙，吴盐正白山泉香。
>
> 挟书旁观稚子喜，洗刀竭作厨人忙。
>
> 园丁无事卧曝日，弃叶狼藉堆空廊。
>
> 泥为缄封糠作火，守护不敢非时尝。
>
> 人生各自有贵贱，百花开时促高宴。
>
> 刘伶病醒相如渴，长鱼大肉何由荐?
>
> 冻齑此际价千金，不数狐泉槐叶面。
>
> 摩挲便腹一欣然，作歌聊续冰壶传。

很多蔬菜的生长都有地域性，但在大城市中，也有一些异地的蔬菜，如明代北京就有不少原产自南方的蔬菜，如冬笋、蒿笋、香菌、蕈菜、黄精、黑精。

夏季蔬菜

现如今，夏季是水果蔬菜最丰富的季节，但在古代，夏季蔬菜却非常缺乏。

中国现有 600 多种农作物，大概有 300 种源自本土，300 多种引自域外。今日所食用的许多夏季果蔬，外来品种不少。

夏季高温、多雨，且多虫害，本土蔬菜难以生长，古籍中常会提到夏季"园枯"的现象。通过不断引入外来作物，夏季蔬菜也丰富起来。

根据《氾胜之书》与《四民月令》，汉代蔬菜有 21 种，其中夏季蔬菜只有 4 种；北魏《齐民要术》中蔬菜 35 种，夏季蔬菜只有 7 种；而到了清代，《农学合编》中记载蔬菜 57 种，夏季蔬菜增加到了 17 种，包括白菜、菜瓜、南瓜、黄瓜、冬瓜、丝瓜、西瓜、甜瓜、瓠子、苋、蕹菜（空心菜）、辣椒、茄子、刀豆、豇豆、菜豆、扁豆。（李昕升《中国南瓜史》）

可以看出，明清时期夏季蔬菜较之以前已经大为丰富，主要原因是 1492 年哥伦布发现美洲新大陆之后，原产美洲的许多作物开始向世界传播。明清时期引入中国的夏季蔬菜不少，如南瓜、辣椒、笋瓜、西葫芦、番茄、菜豆等。

一骑红尘妃子笑：
古代的水果

《西游记》第一回中，石猴要外出学艺，众猴摆宴送别，摆出水果有：

金丸珠弹，红绽黄肥。金丸珠弹腊樱桃，色真甘美；红绽黄肥熟梅子，味果香酸。鲜龙眼，肉甜皮薄；火荔枝，核小囊红。林檎碧实连枝献，枇杷缃苞带叶擎。兔头梨子鸡心枣，消渴除烦更解醒。香桃烂杏，美甘甘似玉液琼浆；脆李杨梅，酸荫荫如脂酥膏酪。红囊黑子熟西瓜，四瓣黄皮大柿子。石榴裂破，丹砂粒现火晶珠；芋栗剖开，坚硬肉团金玛瑙。胡桃银杏可传茶，椰子葡萄能做酒。榛松榧柰满盘盛，橘蔗柑橙盈案摆。熟煨山药，烂煮黄精。捣碎茯苓并薏苡，石锅微火漫炊羹。

诸多水果令人眼花缭乱，最后作者感叹说："人间纵有珍羞味，怎比山猴乐更宁？"真不愧是"花果山"。

中国地域广袤，水果种类非常丰富，李时珍在《本草纲目》

中列出的水果就有 127 种。

水果的种类

水果大致可以分为肉果、瓜果和干果。

中国古典文学作品中出现的水果，主要的肉果有：桃、李、梅、杏、梨、棠梨（杜梨、甘棠）、山楂、柚、橘、橙、金橘、木瓜海棠、毛叶木瓜、榅桲（木李）、柿、樱桃、石榴、葡萄、猕猴桃（苌楚）、杨梅、荔枝、龙眼等。

瓜果主要有：甜瓜和西瓜。

干果主要有：板栗、榛、枣、菱、枳椇、核桃、橄榄、银杏、香榧、红松、可可椰子、海枣、苹婆等。（潘富俊《草木缘情：中国古典文学中的植物世界》）

图 1-11　清绸绣蔬果挂屏芯，绣有梅、茄子、杏、桃、笋、佛手柑六种蔬果

水果的功能

水果是人们最主要的享受性食品，但一些水果会在食物短缺的时候，承担起救急备荒的充饥功能。

比如柿子含有比较多的淀粉，且食用方法多样，不但可以直接食用，还能做成柿饼长时间存放，且可与米、面混合做成多种食物，在大众生活中起到了多层次的作用。徐光启就建议，各地官员要多鼓励百姓种植柿树，"凡坡陂陡地内，各密栽成行，柿成，做饼以佐民食"（《农政全书·树艺》卷二十九引《荒政要览》）。

异地水果

古代因为交通运输与保存技术等条件的限制，地域性水果很难被其他区域的人品尝到。但因为富贵之家的需要，一些较大的城市也有很多异地水果出售。

如明代的北京，市场上出现的南方水果就有蜜柑、凤尾橘、漳州橘、橄榄、风菱、脆藕等。

古代最著名的异地水果是荔枝。

荔枝一般产自南方，自汉代开始，因为皇帝的喜爱，南方开始向宫廷每年进贡荔枝。"一骑红尘妃子笑，无人知是荔枝来。"

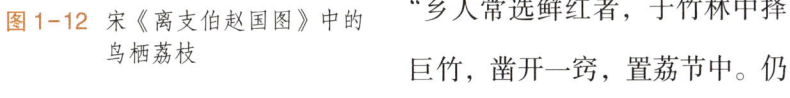

图 1-12 宋《离支伯赵国图》中的鸟栖荔枝

（唐杜牧《过华清宫绝句》）杨贵妃吃荔枝的故事，成了跨区域运送荔枝的生动写照。

长距离运输，对于水果的保鲜是极大的考验，且运输的成本很高。明代发明了一种新的包装方法，类似于真空包装："乡人常选鲜红者，于竹林中择巨竹，凿开一窍，置荔节中。仍以竹箨裹泥，封固其隙，借竹生气滋润。可藏至冬春，色香不变。"（明徐燉《荔枝谱》卷下）

近代交通便利之后，人们能够吃到更远地方的水果。

如在近代沿海城市通商之后，航运便捷，上海的水果变得非常丰富："本邑之水蜜桃，洞庭之枇杷、杨梅、卢橘，天津之雪梨、葡萄……近则羊城鲜果，由轮船飞运来申。如甘蕉、蜜橘、香橙、甘瓜、椰了之类……而尤以旧金山之苹果为独出冠时。"（清黄式权《淞南梦影录》）甚至可以吃到美国的新鲜水果了。

水果的加工

水果的加工一般有干制和蜜饯两种方法。

　　干制是利用自然干燥或人工干燥的方法把水果脱水制成干果。干果有利于长时间的储藏，也利于包装和运输。民间常见的干制水果有枣、葡萄、乌梅、荔枝、桂圆等。

　　蜜饯水果是将水果蜜渍保藏，因加入了蜜或糖，味道更加甜美，深受人们喜爱。宋代官办的饮食服务机构"四司六局"中，就有"蜜煎局"，专门负责制作和供应蜜饯食品。当时主要的蜜饯水果有金橘、木瓜、荔枝等数十种。

栽种果树

　　传统的田园生活中，人们习惯在房前屋后种树栽花、畜猪养牛。最初多出于经济实用目的，后来慢慢具有了审美的意味。

　　在传统社会中，交换经济还不发达，农户自家种植庄稼、饲养家禽、种植果树，是很有必要的。《孟子·梁惠王上》曰：

　　五亩之宅，树之以桑，五十者可以衣帛矣；鸡豚狗彘之畜，无失其时，七十者可以食肉矣；百亩之田，勿夺其时，数口之家可以无饥矣。

田宅前后，农桑、禽畜、庄稼环绕，一派自给自足的小农经济庭园景象。

图 1-13
宋代儿童扑枣

《颜氏家训》也说："筑室树果，生则获其利，死则遗其泽。"栽植的果树木，可以使后辈受益。

庭院种植果树也有吉祥的意义。

古代有俗谚说："家有千树似封侯。"树木茂盛，代表家业兴旺。

古代很多人家喜欢在庭院中种植三棵槐树，源自《周礼·秋官》中所说的"面三槐，三公位焉"，传周朝宫廷之外有三棵槐树，三公朝拜天子时，面朝三槐而立，三槐后来就成为三公的代称。种三棵槐树，取升官发达之意。

此外，古代认为梧桐为树中之王，百鸟不敢栖息其上，而凤凰也除了梧桐不栖他树，所以民间有在家园种植梧桐树的传统。

二月中旬已进瓜：
黄瓜及反季果蔬

吃瓜与消暑

瓜类乃是避暑必备之物，把瓜放在水中浸泡变凉，待吃时捞出，"浮瓜沉李"，是夏日最令人向往的美味。

元人欧阳玄的《渔家傲》词写北京六月间的情形："六月都城偏昼永，辘轳声动浮瓜井。"说的是把西瓜放在井里，待吃的时候捞出来，清爽甘甜。

古人还能用冰块来冰镇瓜果，唐寅在《江南四季歌》中写道："金刀剖破水晶瓜，冰山影里人如玉。"这大概就是一种冰镇西瓜，读来令人感觉清爽无比。

图 1-14 元钱选所画西瓜等蔬果

古代关于吃西瓜的记载很多，还有一种瓜颇受古人喜爱，那就是黄瓜。

黄瓜是一种美味，既可做蔬菜，又能做水果，清爽可口，老少咸宜。元代刘鹗的《食黄瓜》写道："燕山五月新尝瓜，浅黄深碧风韵佳。食之飕飕清齿牙，时来微物亦荐达，使我抚髀长咨嗟。"

明清之际的诗人吴伟业所作的《王瓜》也写道："同摘谁能待，离离早满车。弱藤牵碧蒂，曲项恋黄花。客醉尝应爽，儿凉枕易斜。齐民编《月令》，瓜瓞重王家。""食之飕飕清齿牙""客醉尝应爽"等文字，实在是把黄瓜清脆爽口的特点描述得淋漓尽致。

黄瓜性寒，"食之清热解渴"（《致富全书》卷一），故有消暑的功效，在夏天人们尤其喜食黄瓜。但从中医养生的角度而言，黄瓜不可多食，"多食，损阴血，发疟病，生疮疥，积瘀热，发痤气，令人虚热上逆"（元贾铭《饮食须知》卷三）。

黄瓜与王瓜

黄瓜又名胡瓜、王瓜，是西汉从西域传入中原的。

中国自古也有一种王瓜，常入中药，又名栝楼、土瓜。因为两者同名，所以经常有人把它们搞混淆。《礼记·月令》中提到

图 1-15

日人细井徇《诗经名物图解》
中的栝楼（上）与王瓜（下）

孟夏之月"王瓜生，苦菜秀"，这是作为药材的王瓜。

李时珍在《本草纲目》中提到，王瓜也被称为土瓜："土瓜，其根作土气，其实似瓜也。或云根味如瓜，故名土瓜。王字不知何义。瓜似雹子，熟则色赤，鸦喜食之，故俗名赤雹、老鸦瓜。"

《本草纲目》说"王"字不知什么来历，五代的邱光庭在《兼明书·礼记·王瓜》中说："王瓜即栝楼也。栝楼与土瓜形状、藤叶正相类，但栝楼大而土瓜小耳。以其大于土瓜，故以王

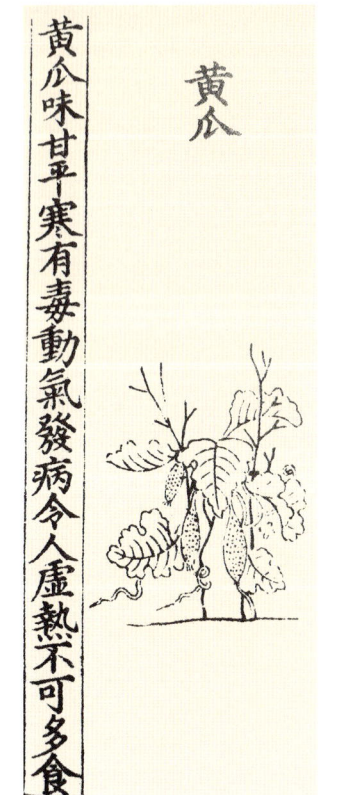

图 1-16　元忽思慧《饮膳正要》对黄瓜的介绍

字别之。《尔雅》诸言王者，皆此类也。"解释了"王"字含义。

黄瓜是外来作物，据说是西汉张骞出使西域时带回的，故最初称为胡瓜。

关于胡瓜改名黄瓜的原因，有人说是后赵石勒所改，有人说是隋炀帝所改。《贞观政要》中记载了唐太宗的一段话："隋炀帝性好猜防，专信邪道，大忌胡人，乃至谓胡床为交床，胡瓜为黄瓜，又筑长城以备胡。"大概是因为听到"胡"字太过刺耳，就把这个字都改掉。就像近代流行的"洋"货，如今也大多改名一样。

元明以后，北方流行用王瓜称呼黄瓜，这在元明时期的文献中随处可见。王瓜的称呼在北方普遍流行，且流传很久，至少在民国时期还在使用，但这次改名的原因却无从考证。

二月吃瓜

黄瓜一般在春夏之交开始上市，陆游的《新蔬》诗就说：

"黄瓜翠苣最相宜，上市登盘四月时。"

一直到秋天还能吃到黄瓜，陆游另一首诗《秋怀》就写道："园丁傍架摘黄瓜，村女沿篱采碧花。城市尚余三伏热，秋光先到野人家。"看来陆游十分喜欢吃黄瓜。

诗中提到园丁在摘黄瓜，大概他们是专门种植蔬菜来卖的，苏轼词中就有"牛衣古柳卖黄瓜"（《浣溪沙》）的句子。

对于南方人来说，二月吃黄瓜是平常的事，陈继儒就提到，"闽人二月食之，至夏枯矣"（《致富全书》卷一）。

但也有不少文字记载，在北方初春时节就能吃到黄瓜。唐代诗人王建在《宫前早春》中写皇家风物："酒幔高楼一百家，宫前杨柳寺前花。内园分得温汤水，二月中旬已进瓜。"据说这里的"瓜"就是指黄瓜。二月中旬，北方天气尚冷，这时就能吃到黄瓜了。

乾隆有一首关于黄瓜的诗曰："菜盘佳品最燕京，二月尝新岂定评。压架缀篱偏有致，田家风景绘真情。"（《黄瓜》）其中也说在二月尝新吃黄瓜。

反季黄瓜十分稀少，价格不菲，清代李静山《增补都门杂咏》有一首如此写道："黄瓜初见比人参，小小如簪值数金。微物不能增寿命，万钱一食是何心？"早春黄瓜的个头虽小，但吃一次要费"万钱"。光绪《顺天府志》中也记载："胡瓜即黄瓜……今京师正二月有小黄瓜，细长如指，价昂如米。"其实是远超米价的。

吃瓜轶事

邓云乡的《早春嘉蔬》一文提及一个传说。

明代一位皇帝在大年初一突然想起要吃黄瓜，御膳房派一位太监去买，到街上看到一个人手里正拿着两根黄瓜，太监如获至宝，上前问价格，那人说，一根五十两银子，两根一百两银子。太监大怒，嫌价格太离谱。那人随即就把一根黄瓜吃掉了。太监着急，害怕无法交差，赶紧说：剩下的一根五十两银子我买了。那人却说，现在这根卖一百两银子。太监无奈，只能花一百两买下。（邓云乡《云乡话食》）

虽是传说，但说明反季黄瓜异常珍贵，一般是皇室贵族才能享用。能买得起的大户人家也是专门用来宴请贵宾尝鲜的，"凡宴贵客，用以示珍也"（光绪《顺天府志》）。也有一些豪贵之人以吃黄瓜为炫耀的谈资："贵人亦以先尝为豪，不待立夏。"（清谢墉《食味新咏》）

黄濬的《花随人圣庵摭忆》记载了一个十分有趣的故事——"食黄瓜朋友反目"。

有一个名叫潘耀如的人，请新结交的朋友吃饭，按照惯例请朋友点菜，这位朋友也照惯例，想点一些不太贵重的菜。一般来说蔬菜最便宜，他见菜单中有黄瓜，就点了此道菜。尝后觉得黄瓜味道鲜美，就又点了一道，谁知吃得停不下来，后来又点了一份黄瓜。时值初春，一道黄瓜菜品价值五六两银子。潘耀如以为这个朋友预先知道黄瓜的价格，故意这样点菜给他难堪，于是席后给这位朋友写信绝交。这真可算得上吃黄瓜史上的一件奇事了。

温室种植

那么反季吃黄瓜是如何做到的呢？古人运用的就是温室种植的方法。

上述王建《宫前早春》中有"内园分得温汤水，二月中旬已进瓜"的诗句，似乎就是利用"温汤水"来进行反季蔬菜的温室种植的。

北方，尤其是北京，流行使用"花洞子"来种植蔬果和花木，此类蔬果就是所谓"洞子货"。

据说温室种植法源自汉代，清代谈迁《北游录》中说："汉太官园种冬生葱韭菜茹，昼夜然蕴火，待温气乃生，见《汉书·召信臣传》，今都下早蔬亦其法。以先朝内监，不惜厚直，以供内庖。"

明代的温室技术应用广泛，在寒冷的冬季，"穴地爇火而种植"（明杨士聪《玉堂荟记》卷下），使得冬天也能四时蔬果俱备。

黄瓜本在温暖的春夏开花结果，"种阳地，暖则易生"（《授时通考》卷六十一），但明清时期，尤其在北京地区，有人可以利用温室技术来种植。

明代王世懋的《学圃杂蔬》说："王瓜，出燕京者最佳，其地人种之火室中，逼生花叶，二月初即结小实，中官取以上供。唐人诗云'二月中旬已进瓜'，不足为奇矣。""火室"即温室。

光绪《顺天府志》也提到，京师二月的黄瓜"其实火迫而生耳"。二月初，北方还比较寒冷，就能结出瓜果，可见当时温室技术已经很高明了。

这一方法延续了很久，老舍在1949年后所写的《正红旗下》中还说："到十冬腊月，她要买两条丰台暖洞子生产的碧绿的、尖上还带着一点黄花的王瓜。"

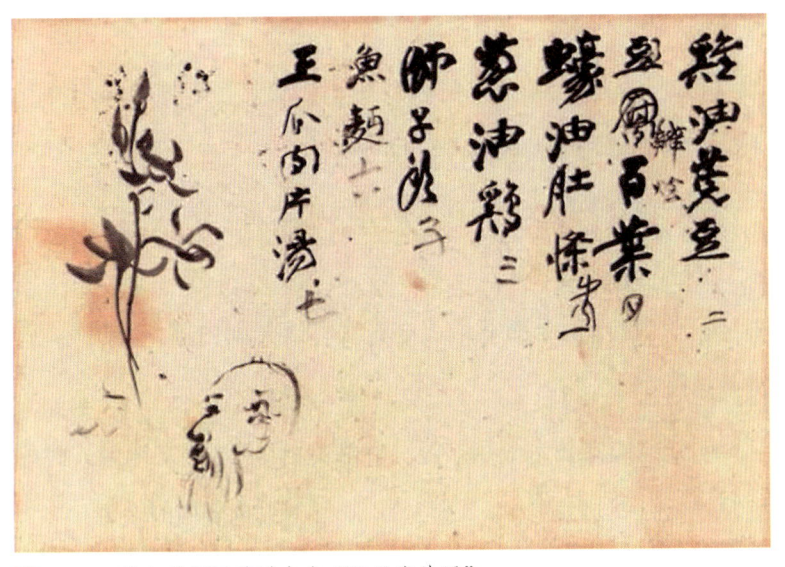

图 1-17　张大千所写菜谱中有"王瓜肉片汤"

反季节种植虽能为人的口腹之欲提供一些新鲜感，但很多人是反对的，因为这种方法违背了自然的规律，用人为的手段干涉植物自身的生长方式，所得到的"皆不时之物，有伤于人"（《汉书·召信臣传》）。

中国人十分注重与自然更替的节奏保持一致，从饮食、运动、养生、娱乐等诸多方面的要求都能看出这一特点。至今中国人还特别重视"当季"蔬果，也是这一传统的延续。

晚清时期，日本汉学家服部宇之吉主持编纂的《北京志》曾提到："北京蔬菜栽培远比其他农事发达，冬季能有黄瓜、豌豆、茄子等新鲜蔬菜上市，此系一部分农家所种，但大多为园艺家所栽培。"（张宗平、吕永和译文）看来北京的反季蔬菜种植技术是一直比较发达的，且属于规模性种植。

《北京志》还提到了具体的栽培方法，让我们对于当时的技术一睹其详：

利用温室进行栽培法。温室结构很低，是用砖造成平房，或以泥土建成。大抵东西长，北、东、西三面砌墙，不留窗户，唯南面使用纸窗，采光取暖，或在温室内生火。室内地面纯系土地，无特殊设备，有直接在土地上栽种蔬菜的，但多为盆栽。利用火力的则将地面挖深一尺五寸，其中一部分与中国民宅一般使用的炕略同，以砖垒床，上部整平，床内生火，多用煤球为燃料。这种煤球儿比一般厨房用的稍粗大，大抵自家搓制。火热传至砖床，逐渐使室内变暖。

　　这是利用盆栽技术栽种蔬菜，下面还提到了叶菜类的催熟法。《北京志》编纂的内容截至 1907 年 7 月，可见在晚清时期，这种反季种植蔬菜的方法十分成熟，且应用广泛。

　　还有一种方法，就是利用窖藏，也能在冬天吃到黄瓜。这也是在北方冬天普遍使用的方法，用来保存食物、蔬菜和水果。郑逸梅在《花果小品》中就提到，北京人常在夏季购置黄瓜，"窖藏土穴中，至岁尾年头，为馈贻戚友之佳礼"。

　　物以稀为贵，冬季的黄瓜完全不亚于山珍海味给人们带来的享受。

享用美食是中国人理想生活的重要组成部分，除了家庭中的饮食之外，最能体现享受性特点的美食出现在饮食市场中。

古代许多大城市商业化程度很高，如开封、南京、杭州等城市，其居民对市场的依赖程度也很高，"金陵人家素无三日之储，故每晨必有市"（陈作霖《金陵琐志·凤麓小志》卷三）。

就算是在平时生活节俭的家庭，在年底也会买些食物或商品作为年货，以丰富饮食。"岁暮，人家争入市廛，杂买荤素食品，以充馈问。"（清袁景澜《吴郡岁华纪丽》卷十二）

饮食市场中出售食物的原材料或成品，前者如粮市、肉肆、菜市、果市、调料市等，后者如面食店、包子铺、熟食店、零食店、饼肆、浆饮店、酒肆等。

《礼记·王制》："衣服饮食，不粥（鬻）于市。"就是说先秦时期衣服、饮食不能买卖。

西汉桓宽的《盐铁论》也提到："古者，不粥（鬻）饪，不市食。"就是说，市场不出售食物，但《盐铁论》接着说，后来

图 1-18　宋画中的酒家

社会上"熟食遍列，殽施成市"，可以看出饮食行业在此时开始发达起来。

粮市大概是每个时代中最为重要的市场，直接关系到基本的民生问题。粮市中粮食的丰歉优劣，也是一个时代生活水准的直接体现。

肉食是相对奢侈的食物，也是人们最喜欢的食物。

从战国开始就出现了专门的屠宰业，城市中的屠肆很多，如当时流行吃狗肉，有人就专门以屠狗为业。《史记》记载荆轲"日与狗屠及高渐离饮于燕市"，这里的"狗屠"就是宰杀狗的职业，分工可谓非常之细。南北朝时，南方也流行吃狗肉，于是"屠狗商贩，遍于三吴"（《南史·王敬则传》）。

水产市场在南方及东部地区很常见，从城市到乡村，都能

图 1-19　明画中的食货店

图 1-20　清画中的食货店

看到。

如南京的鱼市，"自镇淮桥口至沙湾饮马巷口，半里而近，夹道皆鱼盆也"（陈作霖《金陵琐志·凤麓小志》卷三）。

水产市场中也很早就出现了用冰块保鲜的做法，所以水产店成为冰鲜行，交易十分活跃："杭州之江鱼船，来自宁波等海口。路远天热，鱼皆藏于冰内。无论何时到地，江干设有冰鲜行。"（清范祖述著，洪如嵩补辑《杭俗遗风》）

古代北方的一些大城市中，也有专门的水产市场，如《洛阳伽蓝记》记载，洛阳城南宣阳门外的永桥市，就是当时著名的鱼鳖市："里三千余家，自立巷市，所卖口味，多是水族，时人谓为鱼鳖市也。"

图 1-21　山西洪洞广胜寺元代壁画中的卖鱼场景

海鲜在东南沿海城市十分常见，北方内陆地区要想吃上海鲜，就要花更大的代价，所以说："北来要作尝鲜客，一段鳗鱼一段金。"（清杨米人《都门竹枝词》）

蔬菜市场在汉代就达到了很高的商业化程度，已出现专业的蔬菜种植者和蔬菜商人。《史记·货殖列传》说："千畦姜韭，此其人皆与千户侯等。"一些蔬菜种植者收入可以抵上千户侯。

北魏时期贾思勰的《齐民要术》对于各类农作物包括蔬菜的栽培方法进行了十分详尽的记述，说明当时的农业技术已经达到了很高的水准，同时也说明蔬菜的种植和产业化程度很高，其中提到北朝青州地区就是通过蔬菜商人来引进蜀椒品种的："商人居椒为业，见椒中黑实，乃遂生意种之……遂分布种移，略遍州境也。"

在宋代，蔬菜品种已达上百种，可以看出蔬菜市场的繁荣。

果市在古代是人们生活富裕程度的晴雨表，特别是异地水果，主要是通过水果商人来实现流通的。

如荔枝多产自南方，但北方很多地方，以至于周边国家，都能看到荔枝出售，可见当时水果贸易的发达。

宋人蔡襄的《荔枝谱》谈到福建荔枝在各地畅销的情形："水浮陆转以入京师，外至北戎、西夏。其东南，舟行新罗、日本、琉球、大食之属，莫不爱好，重利以酬之。"

调料市场也是食品市场的重要组成部分，油盐酱醋是生活的必需品，是美味的来源。特别是食盐，很早就开始实行政府专卖，尽管后来有所开放，但盐业基本属于垄断性行业，许多盐商富可敌国。

白居易有一首《盐商妇》的诗，其中提到盐商："婿作盐商十五年，不属州县属天子。每年盐利入官时，少入官家多入私。官家利薄私家厚，盐铁尚书远不知。"

古代市场上的一些饮食店，供应的种类十分丰富。

唐代长安阊阖门外有家张手美食肆，随着不同的时节，随需供应不同美食，如在大年初一（元日）卖"元阳脔"，正月初七（人日）卖"六一菜"，上元节卖"油画明珠"，二月十五卖"涅槃兜"，寒食节卖"冬凌粥"，四月初八卖"指天馂馅"，五月初五卖"如意圆"，伏日卖"绿荷包子"等，都是时令性美食，深得顾客喜爱。

这些饮食店制作的食物十分精美，连皇帝有时也会去市场上购买酒食。

宋真宗曾派人去酒肆买酒来宴请群臣，宋仁宗曾去东京的饮食店购买菜肴，宋高宗曾去著名的宋五嫂鱼店买鱼羹，也曾派人去买过李婆婆杂菜羹、贺四酪面、脏三猪胰胡饼、戈家甜食等。

这些著名的店铺都很有口碑，形成了各自的特色，南宋诗人杨万里的《食蒸饼作》写道："何家笼饼须十字，萧家炊饼须四破。"大概是说，何家、萧家的笼饼、炊饼很有名，能蒸得十字开花，既好吃又好看，由此而具名气。

饮食行业中还有一类是流动摊贩，游街串巷，满足人们的多重需要，如《水浒传》中的武大郎挑担卖炊饼，即属此类。这些流动摊贩所卖食物，多是富有特色的小吃，很受顾客欢迎。

唐代刘晏谈到自己的经历，有次五更"入朝，时寒，中路见卖蒸胡之处热气腾辉，使人买之，以袍袖包裙帽底啖之，且谓同列曰：'美不可言，美不可言。'"（《刘宾客嘉话录》）

市场中也有饮料店，先秦已有专门以卖饮料为职业的人了。《庄子·列御寇》中说："夫浆人特为食羹之货，无多余之赢，其为利也薄，其为权也轻。"

因为饮料非生活必需品，且价格低廉，所以获利也微薄。但后来随着商业化程度的提高，人们享受性的需求增多，卖饮料的行业也红火起来，也能由此发财致富。《史记·货殖列传》提到："卖浆，小业也，而张氏千万。"

饮料的主要功能是消渴，同时也有健康保健类功能。如《玉堂闲话》中提到一家饮料店，出售一种神奇的饮料，"用寻常之药，不过数味，亦不闲方脉，无问是何疾苦，百文售一服，千种之疾，入口而愈。常于宽宅中置大锅镬，日夜刲斫煎煮，给之不暇。人无远近，皆来取之"。简直是包治百病的魔法饮料了。

古代的饮料很多，如宋代流行一种名叫"煎点汤茶药"的

图 1-22

清姚文瀚笔下卖浆二景

饮料，配料以茶为主，杂以绿豆、山药、脑麝等，研磨后用水煎煮。

宋代煎茶就是用茶叶加上各种配料，宋话本《快嘴李翠莲记》中借李翠莲之口提到了著名的阿婆茶："此茶唤作阿婆茶，名实虽村趣味佳。两个初煨黄栗子，半抄新炒白芝麻。江南橄榄连皮核，塞北胡桃去壳椎。二位大人慢慢吃，休得坏了你们牙。"其中就包括栗子、白芝麻、橄榄、核桃等诸多原料。

第一章　品鉴：瓷器与地窑

中国人的生活艺术在茶酒上表现得淋漓尽致。

中国人常把"柴米油盐酱醋茶"并列，作为生活的必需品。

喝茶一方面是大众生活所需，另一方面也是高人雅士追求清静高远境界的途径。

酒在中国人的生活中同样重要，社交生活中，几乎无酒不成席。悲欢离合、喜怒哀乐等诸多情感，都可以通过饮酒来表达。

茶、酒特点不同：茶清淡，酒浓烈；茶娴静，酒奔放；有人喜品茗，有人爱饮酒。但喝茶饮酒又能完美地体现在一个人的身上，茶、酒似乎就是一个完整人格中相反相成不可分割的两个维度。

抽烟之风虽说稍微晚起，但其流行程度却丝毫不逊色于茶酒，男女老少，均有喜欢抽烟者。特别喜欢抽烟的林语堂，在《生活的艺术》中就把烟、酒、茶并列，并视为中国休闲文化之代表，他说："我以为从人类文化和快乐的观点论起来，人类历史中的杰出新发明，其能直接有力地有助于我们享受空闲、友谊、社交和谈天者，莫过于吸烟、饮酒、饮茶的发明。这三件事有几样共同的特质：第一，它们有助于我们的社交；第二，这几件东西不至于一吃就饱，可以在吃饭的中间随时吸饮；第三，都是可以借嗅觉去享受的东西。它们对于文化的影响极大……"

真是精妙的概括。

茶与中国人的生活

饮茶的习惯据说最早源于四川地区,喝茶传统可远溯至西周。在秦统一中国后,逐渐传播至其他地方。

茶树多产自南方尤其是巴蜀,陆羽的《茶经》就说:"茶者,南方之嘉木也。一尺、二尺乃至数十尺,其巴山峡川有两人合抱者,伐而掇之。"

蜀地历来喜欢喝茶,有谚曰:"一城居民半茶客。"亦有人说:"茶馆是个小成都,成都是个大茶馆。"这种风气延续至今。

其实不独四川,多数中国人都喜欢喝茶,茶是中国人生活中的必需品。

中国是茶叶大国,不论是茶叶的产量还是消费量,均居世界之首,从古至今,一直如此。试举近年的一组数据来看。

据国际茶叶委员会统计,2015 年全球茶叶种植面积为 452 万公顷,茶叶产量 527.6 万吨,全球茶叶消费量则为 499.9 万吨,而中国的种植面积为 279.1 万公顷，占全球总数的 61.7%，产量为 224.9 万吨，占全球总量的 42.6%，消费量为 181.2 万吨，各项数据均是世界第一。（《中国茶产业发展报告〔2017〕》）

饮茶对中国人来说，不只是解渴，还承载了复杂的文化和精神内涵。

喝茶能养性和神、舒心解闷、养生健体、颐养精神。

茶有药用功能，《神农食经》说："茶茗久服，令人有力悦志。"

茶可作为食物，古代有茶粥；茶也可以炒菜食用，如著名的龙井虾仁、樟茶鸭等，至今还流行在中国人的餐桌上。

中国人发展出了复杂的制茶饮茶程序，陆羽在《茶经》中说"茶有九难"：造茶、辨茶、茶具、炭火、选水、炙茶、碾茶、煮茶、饮啜。饮茶在技术与程序上的复杂性，也是中国人对茶十分重视的体现。

中国人非常强调茶在文化和精神层面的意义，将茶提升到了"道"的高度。

中国人普遍喜欢饮茶，上至达官显贵，下至贩夫走卒，生活中都离不开茶。

唐代人饮茶，有"比屋之饮"之说，就是挨家挨户都喝茶，可见民众饮茶的普遍性。

图 2-1　南宋碾茶

宋代大众饮茶之风盛行，普通人家里平日都饮茶，也用茶来招待宾客。王安石说："茶之为民用，等于米盐，不可一日以无。"（《议茶法》）城市的夜市上有流动的茶摊，供应茶水，在外也能随时喝到茶。

南方饮茶之风更盛，泡茶馆是江南地区百姓非常普遍的休闲方式之一，特别是在农闲时节，男人们喜欢在

图 2-2　日本京都大德寺所藏宋代《五百罗汉图》中的吃茶场景

茶馆喝茶聊天。民国时期的经济学家刘大钧在《吴兴农村经济》（1938）的调查报告中提到，喝茶是湖州人在农闲时节最基本的休闲方式：

在夏季昼长夜短时，大约自晨至午，半日时间，皆消磨于此。临归时再买些油酒之类，回家午餐，餐后始下田工作。在冬日昼短，农家每日只有两餐，在早餐后上镇，晚餐前始归。此种情形，虽非人人皆然，多数要皆如此。一年四季除蚕忙、田忙之时外，其余多日时间皆以此地为惟一之消遣所。

图 2-3　看古人如何煎茶

对于农村和乡镇来说，可以消闲的公共空间比较少，茶馆差不多就是唯一的地方了。

对中国人来说，采茶本身也充满着乐趣和诗意。

初春时节，万物萌生，茶芽初发，此为采茶的最佳时节。明代之前大概只采春茶，夏秋之季不采茶。明代许次纾《茶疏》中提到："往日无有于秋日摘茶者，近乃有之。"

古人对采茶的时节与时间有严格的规定，这种规定本身，体现的是中国的自然哲学，强调遵照自然规律，尽可能在采摘过程中保持茶叶之天然本性。

陆羽的《茶经》说："其日有雨不采，晴有云不采。"宋代宋子安的《东溪试茶录》说："凡采茶必以晨兴，不以日出。日出露晞，为阳所薄，则使芽之膏腴，出耗于内，茶及受水，而不鲜明，故常以早为最。"茶树的生长需要独特的自然环境，如气候、阳光、温度、水分、土壤等因素都很重要。

但出于中国独特的自然哲学，中国人对茶叶生长环境的认知，也有着鲜明的文化意味。明代罗廪《茶解》中，建议要在茶园杂植梅、兰、竹、松、菊等"清芳之品"，在意的是茶与此类植物在品性上的相似性。

饮茶环境与茶馆

古人对饮茶的环境十分讲究，需要"凉台静室，明窗曲几，僧寮道院，松风竹月，晏坐行吟，清谈把卷"。与饮者也不能是凡俗庸碌之人，而是"翰卿墨客，缁流羽士，逸老散人，或轩冕之徒超然世味者"。（明徐渭《煎茶七类》）

明清之际的冯可宾在《岕茶笺》中谈到十三种适宜喝茶的场合和环境："饮茶之所宜者，一无事，二佳客，三幽坐，四吟咏，

图2-4 唐代诗人卢仝自号玉川子，好茶成癖，著有《茶谱》，被世人尊称为"茶仙"。历史上曾有多位画家描绘过卢仝煮茶的画面，此为清金农所绘

图 2-5　文徵明心中理想的文人茶会环境

五挥翰，六徜徉，七睡起，八宿醒，九清供，十精舍，十一会心，十二赏鉴，十三文僮。"而许次纾《茶疏》中谈到的适合喝茶的场合和境界，大概是古代有关此类文字的集大成者：

心手闲适，披咏疲倦，意绪棼乱，听歌拍曲，歌罢曲终，杜门避事，鼓琴看画，夜深共语，明窗净几，洞房阿阁，宾主款狎，佳客小姬，访友初归，风日晴和，轻阴微雨，小桥画舫，茂林修竹，课花责鸟，荷亭避暑，小院焚香，酒阑人散，儿辈斋馆，清幽寺观，名泉怪石。

中国人多以"你吃了吗"作为见面寒暄语，古代还曾以"喝茶否"来问候，可见喝茶在中国人生活中的重要性。

如清代旗人，养尊处优，无事可做，便整天泡茶馆："燕京通衢之中，必有茶馆数处。盖旗人晨起，盥漱后则饮茶，富贵者则在家中，闲散者多赴茶馆。以故每晨相见，必问曰：'喝茶否？'茶馆中有壶茶，有碗茶，有点心，有随意小吃，兼可沽酒。自辰至巳，馆中高朋满座，街谈巷议，殊可听也。"（陈恒庆《谏书稀庵笔记》）

茶馆，又称茶肆、茶楼、茶亭、茶坊、茶寮、茶社、茶屋、茶园、茶室等，不但是娱乐消遣之地，俨然也是社会交往、议事聚会、订契立约、商谈生意、互通信息、调解纠纷的场所，所以有人就把茶馆看作是古代中国重要的公共空间之一。

茶馆的装修布置非常讲究，多会安置花卉、盆景等，悬挂名人字画，营造优雅的环境，使顾客留连。

茶馆之中还有很多表演和娱乐节目，如"茶百戏"表演，能在茶汤上画出各式图案，美不胜收："近世有下汤运匕，别施妙诀，使汤纹水脉成物象者，禽兽、虫鱼、花草之属，纤巧如画，但须臾即就散灭。此茶之变也，时人谓之'茶百戏'。"（宋陶穀《清异录》卷下）

有些茶馆并非以饮茶为要务，也干些情色勾当，如南宋杭州称这类茶馆为"花茶坊"。当时有名的有潘节干茶坊、俞七郎茶坊、朱骷髅茶坊、郭四郎茶坊、张七相干茶坊等。《梦粱录》专门提醒说，这些地方"非君子驻足之地也"。

斗茶

宋代饮茶之风盛行，人们常在一起品茶，比试茶品之高下。

斗茶又称为茗战，所斗内容大致可以分为色和味两方面。

茗战中"斗色斗浮"，"色"指茶汤之色泽，唐茶贵红，宋茶贵白；"浮"指茶沫，好茶的茶沫乳白如雪。

图2-6　南宋刘松年描绘的宋代斗茶

又要"斗味斗香"，范仲淹《和章岷从事斗茶歌》说："斗余味兮轻醍醐，斗余香兮薄兰芷。"

斗茶时都要把最好的茶拿出来，如福建建溪，有专门上贡的好茶，做成"小团"，为茶中极品，以致有些人在斗茶时也舍不得拿出来。苏轼《月兔茶》诗就写道："君不见，斗茶公子不忍斗小团，上有双衔绶带双飞鸾。"

二 惟有饮者留其名：古人酒生活

　　讲到中国人的生活文化，最不能忽视的，恐怕就是饮酒了。酒对中国文化渗透之深之广，是其他事物所难以望其项背的。

　　酒是人类古老的饮料，有人称之为"天之美禄"，得意时饮酒，忧愁时饮酒；孤独时饮酒，欢乐时饮酒；离别时饮酒，相逢时饮酒；可独自小酌，可与人共饮。

图 2-7　醉归的田官引起了一场小小的骚动

南朝陈末代皇帝陈后主陈叔宝的《独酌谣》说：

一酌岂陶暑，二酌断风飙，三酌意不畅，四酌情无聊，五酌
盂易覆，六酌欢欲调，七酌累心去，八酌高志超，九酌忘物我，
十酌忽凌霄。凌霄异羽翼，任致得飘飘。宁学世人醉，扬波去我
遥。尔非浮丘伯，安见王子乔？

酒竟成了通神的途径。可以说，人们的生活之中，处处都有酒的
影子。

酒与社交

酒在中国文化中的重要性，首先体现在社交领域。

中国人最重要的交际场合便是宴席，而无酒不成席，所以宴
席也称为酒桌或酒场。

中国人的餐馆永远是嘈杂喧闹的，不像西方人那般只管安静
地吃喝，这大半也是中国人爱酒的缘故。觥筹交错之间，陌生变
为熟识，拘谨变为豪爽，关系由远而近，事情也就办成了。

朋友之间，亦常以酒会友，酒最能见真情。

唐代李白好酒，由蜀入长安时，还只是个初出茅庐的年轻
人，当时已经很有名气的贺知章前来拜访，对其《蜀道难》赞赏

有加，称其为"谪仙人"，还将身上所佩的金龟解下来换酒与李白畅饮，此番情谊，让李白感佩在心。贺知章去世，李白作《对酒忆贺监》来纪念："长安一相见，呼我谪仙人。昔好杯中物，今为松下尘。金龟换酒处，却忆泪沾巾。"

李白喜欢酒，交游中也最重此物，"但使主人能醉客，不知何处是他乡"（《客中作》）。

古代文人，迎接朋友，设酒接风，送别朋友，设酒饯行，也常常是用一杯酒来表达欢情或离绪，就如王维那首著名的诗《送元二使安西》："渭城朝雨浥轻尘，客舍青青柳色新。劝君更尽一杯酒，西出阳关无故人。"

图 2-8　阳关——诗情酒意

酒与政治

喝酒误国误事的例子也有不少。

相传大禹在尝到美酒时曾说："后世必有以酒亡其国者。"（《战国策·魏策二》）

夏桀亡国，有人就说其中有嗜酒的原因。夏桀好酒，以酒为池，"可以运舟，一鼓而牛饮者三千人"（《列女传》卷七）。

亡国的原因有很多，酒肯定是其中最不重要的一种，把本是君王的过失转嫁到酒身上，只是史家的笔法罢了。

此类说法在历史中层出不穷，一旦亡国，原因大致不出酒、色二字。

商纣亡国，就被人认为是"好酒淫乐，嬖于妇人"，竟至于"以酒为池，县（悬）肉为林，使男女倮相逐其间，为长夜之饮"。（《史记·殷本纪》）

饮酒与性情

明代于慎行的《谷山笔麈》说时人杨巍："好奇，多雅致。平生宦游所历名山，皆取其一卷石以归，久之积石成小山。闲时举酒酬石，每石一种，与酒一杯，亦自饮也。"是说杨巍喜好奇异的事物，追求雅致的生活，每经过一山，就携带一块石头回来，积累久了，石头就成了一座小山，闲暇时举起酒杯与石头对饮，每块石头敬酒一杯。

于慎行也模仿杨巍，但不是收集石头，而是种植菊花："予慕其事，而无石可浇。山园种菊二十余本，菊花盛开，无可共饮，独造花下，每花一种，与酒一杯，自饮一杯，凡酬二十许者，径醉矣。"

此事和米颠拜石的典故有些类似。据说米芾见到一块奇石，高兴地说，这块石头值得让我来拜一下，于是脱去官袍，放下笏板，躬身拜石头。（宋叶梦得《石林燕语》卷十）

一个人性格奇伟，往往不愿与众人同俗，现实中可能找不到意气相投的人，就只能与石、与花为友，世俗之人或把这些事看作笑谈，但却不知貌似癫狂行为背后那种独立不羁的人格。

饮酒与人生

魏晋名士们纵酒放旷，狂诞不羁。《世说新语》说："名士不须奇才，但使常得无事，痛饮酒，熟读《离骚》，便可称名士也。"

名士们并非嗜酒之徒，而是用酒来纾解胸中郁闷之气。著名的"竹林七贤"，"皆崇尚虚无，轻蔑礼法，纵酒昏酣，遗落世事"（《资治通鉴》卷七十八）。

阮籍为躲避司马昭的提亲，天天喝醉，一连六十多天，让提亲的人根本没法开口，最终司马昭只得放弃。

图 2-9 酒醉后的名士更显飘逸洒脱

　　阮籍又为了能喝酒而去做官："籍闻步兵厨营人善酿，有贮酒三百斛，乃求为步兵校尉。"（《晋书·阮籍传》）

　　阮籍醉酒自保，借酒浇愁，有人说"阮籍胸中垒块，故须酒浇之"（《世说新语·任诞》），是为知音之言。

　　像阮籍这般饮酒的名士很多，如刘伶"常乘鹿车，携一壶酒，使人荷锸而随之，谓曰：'死便埋我。'其遗形骸如此"。还自称："天生刘伶，以酒为名。"他作《酒德颂》，说："止则操卮执觚，动则挈榼提壶，惟酒是务，焉知其余？"（《晋书·刘伶传》）真是把酒提高到了无上的精神境界。

图 2-10　独酌的名士也需有人侍酒

　　名士们以饮酒得其"名"，精神超拔，超凡脱俗，所以同样嗜酒的诗人李白说："古来圣贤皆寂寞，惟有饮者留其名。"（《将进酒》）

酒令

　　酒令是中国人喝酒时助兴取乐的一种游戏方式，也是一种紧张有趣的智力游戏。

中国人向来喜欢热闹，酒桌上觥筹交错之时，更是需要一些游戏来活跃气氛，正如《红楼梦》第六十二回中贾宝玉说的："雅座无趣，须要行令才好。"

在酒席上，参与者都必须遵守酒令规则，行酒令还要有一位主持者及监督者，譬如《红楼梦》第四十回中鸳鸯所说："酒令大如军令，不论尊卑，唯我是主。违了我的话，是要受罚的。"

酒令有很多形式，如传花、拍七、猜谜、说笑话、汤匙令、酒牌令、酒筹令等。传花经常是击鼓传花，也有不用击鼓的。

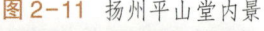

图 2-11 扬州平山堂内景

欧阳修在扬州修建了被誉为"淮南第一堂"的平山堂，每到夏天，他就会在凌晨带客人去游玩，既避暑又娱乐。

他令人摘取荷花千余朵，分插在数百个盆中，客人围坐，传花开始，接到花的人摘取一片叶子，到谁的手中叶子摘完，就要饮酒，大家沉醉游戏之中，"往往侵夜戴月而归"。(宋叶梦得《避暑录话》卷上)

射覆是一种猜谜游戏，用容器把某物遮盖住，让人来猜里面是何物，这也是古代巫师术士体现其"法力"的一种方式。后来也常作为酒令，用诗文、典故等隐寓某物，让人来猜，猜者也要用诗文、典故的方式把答案揭示出来，猜错者喝酒。

这是一种历史非常悠久的酒令方式，但后来使用者渐渐少了。在《红楼梦》第六十二回中，薛宝钗把射覆称为"酒令的祖宗"，她说："'射覆'从古有的，如今失了传。"或许是因为这种酒令难度太大，不是一般人能玩的。

茶酒关系

茶之清淡，常与酒肉之奢腻形成对比。

魏晋时期，浆酒藿肉，世风奢靡，一些士人就"以茶代酒"，体现的是清雅自然的品格和独立不羁的操行。

唐代顾况的《茶赋》写道，茶能"滋饭蔬之精素，攻肉食之膻腻；发当暑之清吟，涤通宵之昏寐"。

饮茶代表着一种清新自然的高洁趣味，这其实是许多人喜欢饮茶的内在原因："其性精清，其味浩洁，其用涤烦，其功致和。参百品而不混，越众饮而独高。"（唐裴汶《茶述》）

喝茶可以见高雅之情趣。

晋代陆纳招待谢安，不备酒席，而是倒上一杯清茶，其侄子陆俶以为叔叔招待不周，端上酒菜，客人一走，陆纳捉住侄子打了四十大板，认为侄子毁了自己的清誉，"汝不能光益父叔，乃复秽我素业邪"。（《晋书·陆纳传》）

敦煌遗书中有一篇《茶酒论》，专论茶酒关系。这篇文章以拟人笔法，让茶酒互相争辩，以决高下。

茶以自己为"百草之首，万木之花"，能"贡五侯宅，奉帝王家，时新献入，一世荣华"；但酒认为"自古至今，茶贱酒贵"，酒的作用更大，"君王饮之，叫呼万岁；群臣饮之，赐卿无畏。和死定生，神明歆气"。二者争论不已。

历史中也不乏喜酒厌茶者，或者喜茶厌酒者。释皎然说：

> 越人遗我剡溪茗，采得金牙爨金鼎。
> 素瓷雪色缥沫香，何似诸仙琼蕊浆。
> 一饮涤昏寐，情来朗爽满天地；
> 再饮清我神，忽如飞雨洒轻尘；
> 三饮便得道，何须苦心破烦恼。

此物清高世莫知，世人饮酒多自欺。

愁看毕卓瓮间夜，笑向陶潜篱下时。

崔侯啜之意不已，狂歌一曲惊人耳。

孰知茶道全尔真，唯有丹丘得如此。

（《〈饮茶歌〉诮崔石使君》）

他认为酒不胜茶，但向来喜欢喝酒的李白怕是不会认同：

天若不爱酒，酒星不在天。

地若不爱酒，地应无酒泉。

天地既爱酒，爱酒不愧天。

已闻清比圣，复道浊如贤。

贤圣既已饮，何必求神仙。

三杯通大道，一斗合自然。

但得酒中趣，勿为醒者传。

（《月下独酌》）

在《茶酒论》中，也可以看出茶酒其实各有优点，也各有适宜的人群和场合。茶清淡自然，酒浓烈甘醇，二者性格各异，又能互补共存。

水村山郭酒旗风：
古代的酒肆

　　酒肆是城市繁荣之象征，富贵豪奢之徒在此竞奢炫富，文人雅士在此饮酒会友，劳动者在此充饥小憩，落魄者在此买醉消愁。

酒肆的起源和发展

　　酒肆的起源大概是很早的，明代田艺蘅在《留青日札》中就说："酒肆，自古有之，所云沽酒市脯是也。"

　　《鹖冠子》提到"伊尹酒保"，酒保在古代是受雇卖酒者的意思，伊尹据说是夏末商初的人，他做过酒店的伙计，酒肆有可能在这个时期就出现了。

　　《诗经·伐木》有诗曰："有酒湑我，无酒酤我。"大意是说，有酒的话就过滤好让我喝，没有酒的话就去给我买。可见周代也是有卖酒的酒肆的。

　　唐人善饮，所以酒楼甚多，城市乡间，随处可见。题为杜牧

图 2-12　宋代的酒肆

所写的《清明》诗中就有著名的诗句："借问酒家何处有，牧童遥指杏花村。"酒家是到处都有的，有的还极其豪华："豪家沽酒长安陌，一旦起楼高百尺。"（唐韦应物《酒肆行》）

宋代酒肆生意空前繁荣，开封、杭州酒馆林立。北宋时期的酒肆有官营与私营之分，《东京梦华录》中提到，汴京城官营酒楼正店有七十二户以上，正店开设了不少分店，称为"脚店"，数量就更多了。

到了明清时期，有关酒馆的记载更夥。明代陈仁锡的《无梦园初集》描述苏州府长洲县的酒肆："凡县前酒肆，不啻二十余

图 2-13　仇英笔下的苏州酒肆

家，争取时鲜肥甘贵味，以供衙门之厌饫。"

清代李汝珍的小说《镜花缘》中，某个酒馆的"粉牌"（酒水单）上，写着各地名酒：

山西汾酒、江南沛酒、真定煮酒、潮州濑酒、湖南衡酒、饶州米酒、徽州甲酒、陕西灌酒、湖州浔酒、巴县咋酒、贵州苗酒、广西瑶酒、甘肃乾酒、浙江绍兴酒、镇江百花酒、扬州木瓜酒、无锡惠泉酒、苏州福贞酒、杭州三白酒、直隶东路酒、卫辉明流酒、和州苦露酒、大名滴溜酒、济宁金波酒、云南包裹酒、四川潞江酒、湖南砂仁酒、冀州衡水酒、海宁香雪酒、淮安延寿酒、乍浦郁金酒、海州辣黄酒、栾城羊羔酒、河南柿子酒、泰州枯陈酒、福建浣香酒、茂州锅疤酒、山西潞安酒、芜湖五毒酒、成都薛涛酒、山阳陈坛酒、清河双辣酒、高邮豨莶酒、绍兴女儿酒、琉球白酎酒、楚雄府滴酒、贵筑县夹酒、南通州雪酒、嘉兴十月白酒、盐城草艳浆酒、山东谷辘子酒、广东瓮头春酒、琉球蜜林酎酒、长沙洞庭春色酒、太平府延寿益酒……

一个酒馆，竟有如此多品类的酒，实在令人惊叹。虽说是小说，但亦自有依据，说明了明清时期酒馆生意的兴盛。

酒楼不但数量众多，有些酒楼规模还很大，如宋代开封的白矾楼（又名樊楼），"乃京师酒肆之甲，饮徒常千余人"（宋周密《齐东野语》卷十一）。白矾楼后来改名为丰乐楼，建筑也加以改造："宣和间，更修三层相高，五楼相向，各有飞桥栏槛，明暗相通，珠帘绣额，灯烛晃耀。"（宋孟元老《东京梦华录》卷二）

丰乐楼成了东京繁华的象征，宋人南渡之后，在西湖边又新建了一个丰乐楼："楼据西湖之会，千峰连环，一碧万顷，柳汀花坞，历历阑槛间，而游桡画鹢，棹讴堤唱，往往会合于楼下，为游览最。"（淳祐《临安志》卷六）以纪念汴梁那带不走的繁华。

酒肆的环境

《东京梦华录》中描绘了北宋开封酒馆的华丽和热闹："凡京

师酒店，门首皆缚彩楼欢门。唯任店入其门，一直主廊约百余步。南北天井两廊皆小阁子，向晚，灯烛荧煌，上下相照。""九桥门街市酒店，彩楼相对，绣旆相招，掩翳天日。"

酒楼的建筑富丽堂皇，场面宏大，"必有厅院，廊庑掩映，排列小阁子，吊窗花竹，各垂帘幕"，如同园林一般。

古代的酒肆会悬挂匾额和酒旗作为标志，尤其是酒旗，因其悬挂甚高（《韩非子》说某酒家"为酒甚美，县〔悬〕帜甚高"），非常醒目，一直被人看作是酒肆的象征。

诗歌中就经常出现酒旗的意象："江南一路酒旗多"（唐李群玉《江南》），"水村山郭酒旗风"（唐杜牧《江南春绝句》），"高高酒旗悬江口"（唐张籍《江南曲》），"西风酒旗市，细雨菊花天"（宋欧阳修《秋怀》），"青旗卖酒，山那畔别有人家"（宋辛弃疾《丑奴儿近》），"望中酒旆闪闪，一簇烟村，数行霜树。残日下，渔人鸣榔归去"（宋柳永《夜半乐》），等等，举不胜举。

宋代洪迈的《容斋续笔》就说："今都城与郡县酒务，及凡鬻酒之肆，皆揭大帘于外，以青白布数幅为之，微者随其高卑小大，村店或挂瓶瓢，标帚

图 2-14　酒旗经典意象——"水村山郭酒旗风"

秆。唐人多咏于诗，然其制盖自古以然矣。"

酒肆中的歌姬

古代许多酒肆，多由女性来卖酒或陪酒。

唐代酒家多用"胡姬"，大概是异国风情更能招引酒客们的兴致吧。

李白好酒，也喜欢美人，所以他的诗歌中有关胡姬的诗句特别多："胡姬招素手，延客醉金樽"（《送裴十八图南归嵩山》），"胡姬貌如花，当垆笑春风"（《前有樽酒行》），"落花踏尽游何处？笑入胡姬酒肆中"（《少年行》）。

宋代之后，歌妓陪酒之风也很盛行，"大酒店娼妓只伴坐而已"（宋耐得翁《都城纪胜》）。

《梦粱录》中提到南宋时杭州的酒店，"浓妆妓女数十，聚于主廊檐面上，以待酒客呼唤，望之宛如神仙"。但后来酒店逐渐成为风月场所，且渐成风气。

一些官方酒店，把妓女作为赚钱工具，北宋政府贷给农民青苗钱，以支持农事，但在百姓必经的城门口，却有官府所设立的酒店，妓女从中引诱，百姓买酒寻欢，这样刚到手的青苗钱还没带回家，十之二三又归于官府。宋代王栐的《燕翼诒谋录》详述其事：

上散青苗钱于设厅，而置酒肆于谯门。民持钱而出者，诱之使饮，十费其二三矣。又恐其不顾也，则命娼女坐肆作乐，以蛊惑之。小民无知，争竞斗殴，官不能禁，则又差兵官，列枷杖以弹压之，名曰"设法卖酒"。

苏轼对这一做法大为不满，曾上奏朝廷修正此弊。

宋明时期，酒肆中的娼妓之风一直流行，文人和诸多名妓间的风流韵事，多发生在酒楼。后来官方虽有禁令，却一直难以根绝。

四 却餐一炷淡巴菰：抽烟

烟草的传入

关于中国烟草的起源，向来有多种说法，但比较流行的说法是，烟草在晚明自美洲传入中国南方，随后在全国流行开来。明末方以智在《物理小识》中说："淡巴姑，烟草，万历末有携至漳、泉者。"淡巴姑，一名淡巴菰，均是烟草（tobacco）的译名。

烟草在中国的流行大概与适宜的地理和气候条件有关，也与种植烟草能带来较高的经济收益有关。

烟草首先在南方各地种植，后来北方也大范围种植。明末的杨士聪在《玉堂荟记》中谈到："二十年来，北土亦多种之。一亩之收可以敌田十亩，乃至无人不用。"

吸食者众多，种植者能从中获利，而种植面积的扩大，也会提供更多的烟草，从而造成抽烟人数的增加。

清代烟草产业非常兴盛，福建是烟草的重要产地，当五六月间新烟上市时，当地"远商翕集，肩摩踵错，居积者列肆敛之，懋迁者牵牛以赴之"（清陈琮《烟草谱》）。

抽烟的风气

明清时期，社会上形成了抽烟的风气，上至皇帝贵族，下至贩夫走卒，不管男女老少，都喜欢抽烟，"朝夕不能间矣"（明张介宾《景岳全书》）。

这种风气大致在崇祯年间出现，王逋在《蚓庵琐语》中说："予儿时尚不识烟为何物，崇祯末，我地（引者按：浙江嘉兴）

图 2-15   清末抽烟的普通百姓

遍处栽种，虽二尺童子，莫不食烟，风俗顿改。"就连儿童也在抽烟，可见当时抽烟风气之盛。

平日出行，抽烟的工具也成了必备的物品："男妇老少，无不手一管，腰一囊。"（清沈赤然《寒夜丛谈》）

抽烟风气的兴起，最主要是与其成瘾性有关，一旦吸食，就会慢慢上瘾，经常想起，所以烟草又名"相思草"。

其次，在抽烟的动机中，模仿往往是很重要的原因。尤其是少年儿童，见成人抽烟，进行模仿。在社会上，抽烟有时被看作是一种时髦，人们会加以模仿。

女性抽烟

值得注意的是，在抽烟的群体中，除了儿童之外，还有女性。

古代女性抽烟的人数是非常多的。陈琮的《烟草谱》说："吸烟之盛，昉于城市，已而延及乡村；始于男子，既而渐流闺阁。"

女性的必备物品中，除了化妆盒之外，还必有烟管和烟袋。清人阮葵生在《茶余客话》中说："虽青闺稚女，银管锦囊与镜奁牙尺并陈矣。"

而有些女性，在起床梳洗之后，必先要吸几袋烟，再去做事："苏城风俗，妇女每耽安逸，缙绅之家尤甚。日高，犹有酣

寝未起者，簪花理发，举动需人，妆毕向午，始出闺房，吸烟草数筒。"（清金学诗《无所用心斋琐语》）

大概是女性烟枪不离手的缘故，在手忙时，有人竟是"以烟筒插髻"（《广西通志》），可谓机智。

抽烟的方法

较早时的抽烟方式非常有趣，将烟草放入瓦盆，每人拿一根管子围着吸食。明代的张燮在《东西洋考》中描述说："烟初入内地时，食者将烟草置瓦盆中，点火燃之，各携竹管向烟，群聚而吸之，其管不用头。"场面十分有趣。

后来比较流行的抽烟方法有旱烟、水烟、鼻烟、卷烟等。

旱烟是最常见的抽烟方法，旱烟杆也是五花八门，各有特色。清人纪晓岚因为喜欢旱烟，所以有人称他为"纪大烟袋"。

女性也常使用烟管抽烟，有一首描写女性长烟枪的诗："这个长烟袋，妆台放不开。伸时窗子破，钩进月光来。"（《秋平新语》）

鼻烟最早来自国外，清代开始在宫廷和上层人士中间流行。

鼻烟是在研磨细碎的优质烟草末中加入一些名贵药材，具有一定的药用价值。《红楼梦》第五十二回中，晴雯感冒，就闻吸鼻烟以缓解症状。

鼻烟制作精良，非常珍贵，清代曾流传一句话："黄金易得，高尚鼻烟难求。"鼻烟成了身份和地位的象征。

清代制作的鼻烟壶，做工精美，技艺高超，也慢慢成为一种独特的艺术品，士大夫和达官显贵们常以此作为互相馈赠的礼品。

普通阶层也模仿上层，吸闻鼻烟，一时成为社会风尚。清代沈豫在《秋阴杂记》中说："鼻烟壶起于本朝，其始，止行八旗并士大夫，今日贩夫牧竖，无不握此。"

纸烟是在晚清通商之后由国外传入的："原广东通商最早，得洋气在先，类多效泰西所为。尝以纸卷烟叶，衔于口吸食之。"（清张焘《津门杂记》）

纸卷烟因其携带和吸食方便，很快流行起来。初期多是进口纸烟，或是由外资在华的卷烟厂生产，纸烟的销售数量极速增长。

1902 年，美国烟草商在华的销量是 12.5 亿支，1912 年为 97.5 亿支，到了 1916 年，达到 120 亿支。（〔美〕高家龙《中国的大企业——烟草工业中的中外竞争〔1890—1930〕》）

图 2-16

近代香烟广告，打的是民族主义牌

抽烟表演

抽烟也能作为表演项目。有人专业从事这种表演，表演者能吐出神仙、人物、动物、山水、楼阁等形象。

清代署名破额山人的《夜航船》曾详细描述了吐烟表演的过程：

吃烟者，于青布袋中，取出烟筒，头状类熨斗，大小如之；又取出梗子，状类扛棒，长短如之。以头套梗，索高黄烟四五斤，装实头内，燃火狂呼，急请垂帘堇户，客皆从对照，隔帘观之。见云气瀚然，奇态层出，楼台城郭，人物桥梁，隐然蓬莱海市也；琪花瑶草，异鸟珍禽，宛然蕊珠阆苑也。鱼龙鲛鳄，喷涛噀露，恍然重洋绝岛也。俄而炮焰怒发，千军万马，破阵而至，玉山银海，颠倒迷离。

实在令人叹为观止。

抽烟的效用

抽烟有多种功能，清代陈琮的《烟草谱》中说，抽烟"可以遣寂除烦"，"可以远避睡魔"，"可以佐欢解渴"等。

　　综合来说，抽烟的用途大致可以包括以下几种：祛病除疫、遣寂除烦、远避睡魔、人情交往等。

　　抽烟最早有医疗保健的作用，古人认为其有"疗百疾"的效用，能"辟瘴"、祛邪，防疫病和寒疾。

　　王逋《蚓庵琐语》载："边上人寒疾，非此不治，关外人至以马匹易烟一斤。"可能是抽烟令人兴奋，稍能起到缓解疾病或疼痛的作用。

　　福建多种方志均说"吸其烟，令人微醉，云可辟瘴"，大概就是这个道理。

　　抽烟多少能缓解人的愁闷与无聊，茶酒亦有此功能，但烟有时却有茶酒所不及的效用。

　　清人全祖望在《淡巴菰赋》中说："将以解忧则有酒，将以消渴则有茶。鼎足者谁？菰材最佳。"茶淡酒浓，而香烟更能让人闲适自得，仅仅看着烟雾缭绕的景象，就会让人有超脱之感，烟确有茶酒所不具的效果。

　　清代沈李龙的《食物本草会纂》说："普天之下，好饮烟者无分贵贱，无分男妇，用以代茗代酒，刻不能少，终身不厌。"

　　朱自清在《谈抽烟》一文中也有一段很妙的话："抽烟说不上是什么味道；勉强说，也许有点儿苦吧。但抽烟的不稀罕那'苦'而稀罕那'有点儿'。他的嘴太闷了，或者太闲了，就要这么点儿来凑个热闹，让他觉得嘴还是他的。"

　　抽烟能提振精神，使人集中注意力，所以《烟草谱》说抽烟"可以远避睡魔"。

同时，抽烟也是人情交往的重要方式。交际场合，互递香烟，颇能拉近彼此的距离。

城市中也有许多烟草铺供人们购买和消费，清代广西有"大市烟铺三二十间，中市、小市亦十余间、五六间。大铺用工人三二十，中铺、小铺亦不减十余或七八"（清吴英《策书》）。虽说西南抽烟风气很盛，但广西地处偏远，城市规模有限，竟然有如此红火的烟草市场，其他城市可见一斑。

城市除了专门出售烟草的铺子，还有一些专门供抽烟的烟馆。《烟草谱》记载："市井间设小桌子，列烟具及清水一碗，凡来食者，吸烟毕即以清水漱口，投钱桌上而去。"虽说条件简单，但能满足烟民的需要。

烟草逐渐成为大众休闲生活中不可或缺的物品。

《烟草谱》说："开门七件事，今则增烟而八矣。"虽略夸张，但确属实情。清代女性沈彩在一首诗中写道："欲不食人间烟火，却餐一炷淡巴菰。"（《食烟草自哂》）

鸦片

鸦片与香烟虽有些相似，但性质完全不同。

晚清时期，英国人把鸦片带入中国，鸦片有药用功效，时称

"洋药""阿芙蓉"，但却有极强的成瘾性和毒性，长期吸食会让人筋松骨软，精神萎靡，与传统烟草完全不同，对人的危害远甚于烟草之类。如近代山西文人刘大鹏在1892年写的《鸦片烟说》中谈道：

> 当今之世，城镇村庄尽为卖烟馆，穷乡僻壤多是吸烟人。约略计之，吸之者十之七八，不吸者十之二三。……吾见吸烟之人，形容枯槁，面目黧黑，坐则懒起怠惰，动则长吁短叹。

鸦片很快就在中国流行开来，1872年上海就有烟馆1 700多家，遍布大街小巷。

鸦片流行之后，烟馆成为很重要的娱乐、交际场所，各个烟馆装饰豪华，以招徕顾客：

> 上海一区，争奇斗丽。即如烟馆一事，眠云阁之华丽，醉乐居之雅洁，南诚信、蓬莱阁之冠冕堂皇，每遇九秋节，堆菊山，使山林隐逸之花，遍于廛市。吉祥街公泰来者，又烟茶不索值，以邀主顾。兹交冬令，三径就荒矣，又换堆果山，如橘柚柑橙，一似菊山排列，再于枝头系以像生之飞鸣食宿，缀以灯火。光怪陆离，炫人心目。（《申报》1873年12月29日）

1881 年，江苏文人邹弢描述当时的情形："自外夷通商，而阿国芙蓉膏流毒殆遍中国，近更有加无已，几于家置一灯，至有妇女亦嗜此者。"（邹弢《三借庐笔谈》）

鸦片流毒蔓延，激起了中国人的禁烟运动，这是我们所熟知的历史大事件。

姿态：形体、感觉与时尚

人们对身体的修饰打扮，也是日常生活的重要组成部分。

　　对身体美的看法，是人类审美文化的重要内容。人们会在身体的妆饰打扮上花费大量的时间和金钱，身体之美也会给自己和别人带来无穷的愉悦。

　　人们用以打扮身体的各种用品，如服装、饰品等，在历史中体现出不同的标准和特点。人们对待身体的方式，如下文中所提到的搔痒与沐浴等，也都包含着丰富的文化内涵和美学意蕴。这些变化形成了所谓时代风尚。

　　时尚总是在变化之中，主导时尚变化的因素很多，诸如历史、文化、宗教、阶层、经济因素等。所有这些因素的变化，都会引起时尚内容的变化。

短长肥瘦各有态：古代的身体美学

身体美的标准

远古时代，人类关于身体美的看法偏于功能性，以符合生殖繁衍功能者为美，所以丰乳肥臀的女性人体，被视为是最美的。到了文明时期，逐渐开始抛开功利和实用目的，看中身体的形体和比例。

环肥燕瘦，包含着审美标准的时代性和地域性特征。"楚王好细腰，宫中多饿死。"（《后汉书·马援传》）楚地以苗条轻柔为美的风气传到汉朝宫廷，体态轻盈的赵飞燕受宠于汉成帝，张衡的《西京赋》就说："飞燕宠于体轻。"

而历史上流传的唐代以丰腴为美的说法，虽不是唐代身体审

图 3-1 仇英《汉宫春晓图》中纤细身材的女子

图3-2 （传）唐周昉《簪花仕女图》中的盛唐美女，身材标准与今日大异其趣

图3-3 唐代仕女俑

美的唯一标准，但也多少反映了唐人对于身体美的看法。有人说李唐家族具有胡人血统，就连丰满白皙的杨玉环，也有学者认为她是胡人。唐代画家周昉所作的《簪花仕女图》，以及诗词、书画、雕塑、陶俑等艺术作品，其中的美人都是丰腴圆润的。

不同的时代，具有不同的审美风尚，难说孰高孰下，所以苏轼说："杜陵评书贵瘦硬，此论未公吾不凭。短长肥瘦各有态，玉环飞燕谁敢憎。"（《孙莘老求墨妙亭诗》）

身体美的标准也有文化性和民族性。如西方自古希腊时期就以裸体为美，认为裸体是美的典范，西方艺术史中以裸体为形象的作品随处可见。而中国文化强调含蓄，注重道德性，不去突显

图 3-4 波提切利《维纳斯的诞生》展现的人体美，文艺复兴之风浓郁

肉体之美。身体的美，尤其是女性的身体，往往是通过飘逸优美的服饰来表现的。

以白为美

中国人对于人体的审美，首重肤色白皙。李渔在《闲情偶寄》中说："妇人妩媚多端，毕竟以色为主。《诗》不云乎'素以为绚兮'？素者，白也。妇人本质，惟白最难。常有眉目口齿般般入画，而缺陷独在肌肤者。"俗语也说："一白遮百丑。"为何以白为美呢？审美的标准有时与实用功能相对立，白皙的皮肤表明此人是远离劳动的，一个常年在田间劳作的女子，是无法保持皮肤白皙的。强调以白为美，也是在强调个人的身份与地位。有

图 3-5　明唐寅《红叶题诗仕女图》，古代能题诗的女性非富即贵

资格保持皮肤雪白的，在古代非富即贵，很难是贫贱之人。中国重视美白的审美传统起源很早，《诗经·卫风·硕人》描写卫庄公夫人庄姜之美："手如柔荑，肤如凝脂，领如蝤蛴，齿如瓠犀，螓首蛾眉。巧笑倩兮，美目盼兮。"其中凝脂和蝤蛴的比喻，都在强调其白皙。

历来描写美人，都注重白的特征。司马相如《美人赋》说"柔滑如脂"，李白《越女词》说"吴儿多白皙，好为荡舟剧"，"镜湖水如月，耶溪女似雪"。五代时人孙光宪《浣溪沙》写美人："碧玉衣裳白玉人，翠眉红脸小腰身。"凝脂、雪、白玉等意象，都是对白的强调。唐代诗人还用一种特别的意象来指代美人之白，那就是梨花。李白《宫中行乐词》描写杨贵妃："柳色黄金嫩，梨花白雪香。"白居易《长恨歌》也用梨花指代杨贵妃："玉容寂寞泪阑干，梨花一枝春带雨。"元稹也用梨花描写崔莺莺，《离思》曰："寻常百种花齐发，偏摘梨花与白人。"《白衣裳》写道："雨湿轻尘隔院香，玉人初着白衣裳。半含惆怅闲看绣，一朵梨花压象床。"用梨花描写皮肤，说明肤色非常之白。

图 3-6 钱选《杨贵妃上马图》(局部)，杨贵妃肤色与牵马男子的对比

图 3-7 传统年画《西厢记》，右一为崔莺莺

陈寅恪由此认为杨贵妃、崔莺莺皮肤太过于白皙，怀疑二人均非汉族，而是中亚胡人。

白妆文化

自身皮肤不白的人，只能通过化妆来美白，由此形成了白妆文化。

先秦时期，就已经非常流行使用铅和米粉所制作的白粉化

图 3-8 宋苏汉臣《妆靓仕女图》，对镜理容妆

妆，除了脸部，也会涂抹颈部、胸部、手臂等部位。六朝时期，粉中加入了其他颜色，但白粉一直是主流。

《楚辞·大招》说"粉白黛黑"，宋玉《登徒子好色赋》说东家之子"着粉则太白"，都说明女性普遍涂粉美容。《战国策》记载女子之美："彼郑、周之女，粉白黛黑，立于衢间，非知而见之者，以为神。"也是强调其粉白的特征，意思是说化妆之后的美女，简直如神女下凡一般。

最美的乃是天生丽质的美人，不施粉黛而肤色白皙。如杨玉环的姐姐虢国夫人，她虽然每月有不菲的脂粉钱，但却从不施妆，就连去见皇帝也只是"淡扫蛾眉"而已，"虢国夫人承主恩，平明骑马入宫门。却嫌脂粉污颜色，淡扫蛾眉朝至尊"（唐张祜《集灵台》；一说为杜甫作）。返璞归真的美人体现的是真正的自信。

不但女人追求美白，有时就连男子也是如此。魏晋时期，男性也流行以粉敷面，有女性化倾向。贵族子弟"熏衣剃面，傅粉施朱"（《颜氏家训》），成为潮流。就连皇帝也涂粉，"或袒露形体，涂傅粉黛"（《北齐书》卷四）。

名士何晏服食寒食散后，皮肤雪白，有"傅粉何郎"之称。

图 3-9　唐张萱《虢国夫人游春图》（局部），怀抱幼童者即为杨贵妃之姐虢国夫人

但也有资料说，何晏本身就很白。《荆楚岁时记》引《魏氏春秋》说："何晏以伏日食汤饼，取巾拭汗，面色皎然，乃知非傅粉。"汤饼类于今日面片汤之类，是古代十分流行的一种面点美食，面皮又薄又有韧性，"弱如春绵，白如秋练"，汤饼做成之后味道十分鲜美，"气勃郁以扬布，香飞散而远遍"。（晋束皙《饼赋》）这样的美食自然会令何晏欲罢不能，吃起来不再讲究仪态，大汗淋漓，擦拭之后，却仍旧白皙如常，可见是真本色。

审美标准有其时代性，并非所有时期都流行白妆。在辽、金、元时期，北方女性就流行"佛妆"，顾名思义，大概是脸部涂抹成如佛像一般的金黄色，并以此为美。南方人初见这种

图 3-10　内蒙古辽代贵妃墓彩绘，可见契丹女子的黄面黑吻"佛妆"

妆容，大吃一惊，并不以为美："有女夭夭称细娘，真珠络髻面涂黄。华人怪见疑为瘴，墨吏矜夸是佛妆。"（宋彭汝砺《妇人面涂黄而吏告以为瘴疾问云谓佛妆也》）"细娘"是当时对于美女之称呼，清人严绳孙的《西神脞说》解释道："辽时燕俗，妇人有颜色者目为细娘，面涂黄，为佛妆。"为什么涂抹黄色东西呢？因为北方冬天天气干燥寒冷，风沙很大，在这样的环境中，女性的皮肤很难保养。于是，她们就在冬天用一种叫做栝楼（栝蒌）的植物，捣碎后用来涂面，栝楼为黄色，涂抹面部之后，就如同佛像所涂金粉一般，故此称为"佛妆"。冬天开始涂抹，只涂不洗，一直到春暖时节才洗掉，"久不为风日所侵，故洁白如玉也"（宋庄绰《鸡肋编》卷上）。栝楼本就可入药，有"悦泽人面"（唐慎微《证类本草》），"疗手面皲"（《日华子》）等功能，算是古代的一种药妆类护肤品。

身体部位的审美

在中国的身体美学中，对于各个身体部位，如脸、鼻、眉毛、皮肤、手指、脚等，都有一些审美标准，多数身体部位难以凭借后天的干预而改变，美人必定是天生的，不像今日有发达的美容术，从而令假美人满天飞。

在古代大概只有一个身体部位例外，是可以通过某种方式来改变的，那就是肚子。

中国人喜欢美食，但贪吃的后果往往就是肥胖，肥胖之后最招眼的恐怕就是肚子了。

肚子向来没有什么好名声。古人对于人体的诸多部位都有赞美夸饰之词，但唯独对于肚子，却极少着墨称赞。就算是公认的追求以胖为美的唐代，对于凸出的肚子也甚少夸耀。

其实，初唐时期社会风气开放，时人追求以丰腴为美，但实则他们欣赏的是珠圆玉润、丰乳肥臀之硕美，而非大腹便便之肥胖。

唐代最有名的胖子是安禄山，《旧唐书》说："（安禄山）晚年益肥壮，腹垂过膝，重三百三十斤，每行以肩膊左右抬挽其身，方能移步。至玄宗前，作胡旋舞，疾如风焉。"一副恶心滑稽、趋炎附势的小人形象。其中，肚子最显丑态。

美人的细腰

其实，初唐对胖的追求并没有持续太久，中唐时期就从"环肥"回归"燕瘦"了。

对瘦的形体的描绘，主要聚焦于腰上。美人的标志就是"细腰"，"细腰"也就是没有肚子。

《韩非子》记载："楚灵王好细腰，而国中多饿人。""细腰"成了苗条美人的代称，楚灵王的离宫被称为"细腰宫"。

这一源于南方楚地以瘦为美的风尚曾在汉代大为流行，因此才会出现"燕瘦"之说。身轻如燕的赵飞燕因体型清瘦苗条而得宠，一时仿效者如云。

中唐之后，苗条重新成了美人的追求。在文人墨客的诗作中，处处充满着"细腰""楚腰""小腰身"等词汇。

唐代诗人元稹在《和乐天示杨琼》中回忆年轻时见到美女杨琼的情景："我在江陵少年日，知有杨琼初唤出。腰身瘦小歌圆紧，依约年应十六七。"

杨琼最主要的特征就是"腰身瘦小"，时光荏苒，美人迟暮，诗人喟叹道："汝今无复小腰身，不似江陵时好女。"美与不美，谈的都是腰。

杜牧著名的《遣怀》诗曰："落魄江湖载酒行，楚腰纤细掌中轻。十年一觉扬州梦，赢得青楼薄幸名。""十年一觉"之中，江南美人给诗人留下的最深印象，只是"细腰"而已。

在"人比黄花瘦"的宋代，细腰更是成了女性之美的主要标志。柳永笔下的"意中人"似这般风韵："世间尤物意中人。轻细好腰身。香帏睡起，发妆酒酽，红脸杏花春。"（《少年游》）

再看宋人洪瑹笔下的美人："楚楚精神，杨柳腰身。是风流，天上飞琼。凌波微步，罗袜生尘。有许多娇，许多韵，许多情。"（《行香子·代赠》）

杨柳细腰，最能彰显风情万种之情态。宋人赵长卿的《南乡子》这样描写："楚楚窄衣裳，腰身占却，多少风光。共说春来春去事，凄凉。懒对菱花晕晓妆。"细细的腰身，占去了美人绝大部分的风光。

宋代诗词中把对细腰的描写推向极致的是姜特立的《朝中措·送人》："十分天赋好精神，宫样小腰身。迷却阳城下蔡，未饶宋玉东邻。"用典明显来自宋玉的《登徒子好色赋》：

天下之佳人莫若楚国，楚国之丽者莫若臣里，臣里之美者莫若臣东家之子。东家之子，增之一分则太长，减之一分则太短；着粉则太白，施朱则太赤；眉如翠羽，肌如白雪；腰如束素，齿如含贝；嫣然一笑，惑阳城，迷下蔡。

《登徒子好色赋》是中国古代文学描写美人的绝妙之作，尽管点睛之处在于用"增之一分则太长，减之一分则太短"的间接描写来引发读者无穷的想象，但这段文字却并不是完全使用"虚笔"，毕竟还是具体写到了"东家之子"的皮肤、眉毛、腰、牙齿等身体部位。

而姜词则尽弃其他特点，但取"小腰身"，并称此美女同样"惑阳城，迷下蔡"，美貌完全不输于"东家之子"——"未饶宋玉东邻"。

整体而言，或可说姜词较之《登徒子好色赋》有所逊色，但诗人抓住"小腰身"的特点，也算是化繁为简，各领风骚。

各个时代描写"细腰"的诗歌所在多有，近代的女英雄秋瑾在《分韵赋柳》中也写道："独向东风舞楚腰，为谁颦恨为谁娇？"女中豪杰在风云激荡之际，也怀有平凡女性追求美丽的细腻心思。

"细腰"看来是历代美人的主要特征，"细腰"的反面就是肚满腰圆。肚子必须隐退，美丽才能出场。

肚子与文化

　　用审美的眼光看，肚子不惟不美观，有人甚至认为它简直就是多余。李渔在《闲情偶寄》中曾说：

　　吾观人之一身，眼耳鼻舌，手足躯骸，件件都不可少。其尽可不设而必欲赋之，遂为万古生人之累者，独是口腹二物。口腹具而生计繁矣，生计繁而诈伪奸险之事出矣，诈伪奸险之事出，而五刑不得不设。君不能施其爱育，亲不能遂其恩私，造物好生而亦不能不逆行其志者，皆当日赋形不善，多此二物之累也。……乃既生以口腹，又复多其嗜欲，使如溪壑之不可厌；多其嗜欲，又复洞其底里，使如江海之不可填。以致人之一生，竭五官百骸之力，供一物之所耗而不足哉！吾反复推详，不能不于造物是咎。亦知造物于此，未尝不自悔其非，但以制定难移，只得终遂其过。甚矣，作法慎初，不可草草定制。

　　李渔大意是说，人的各个器官都不可少，唯独口、腹二物乃是多余的。有了口腹，人就必须要将其填饱，遂导致了世间诸多"诈伪奸险之事"。世无宁日，根源在此。口、腹二物的来源，要追究到造物主头上，而造物主当初造人之时过于草率，草草定制，今日已然后悔，但人类已经成形，难以改变。

李渔这位对于感性生活有着极高鉴赏能力的士大夫，难得对于口、腹这两个重要的感性器官有如此深刻之"批判"。但是，其中暗含的逻辑还是有问题的。

口腹的"嗜欲"，并不是仅仅为了它自己，而是为了整个身体。吃饭明明是人体共同的需求，却说是"填饱肚子"；饿肚子时明明各个器官都不舒服，却说成"肚子在咕噜叫"，好像吃饭只是肚子的贪婪无度。肚子仍是坏名声的承担者。

告子说："食、色，性也。"（《孟子·告子上》）虽说食、色都是本性，但两者的性质和重要性还是不同的。

图3-11 清任伯年笔下的吴昌硕，肚子是观者瞩目的焦点

就像鲁迅先生所说："食欲是保存自己，保存现在生命的事；性欲是保存后裔，保存永久生命的事。"（《我们现在怎样做父亲》）

性是为了延续集体生命，食则是为了延续个体生命。从重要性来说，食对个人来说显得比性更为重要。

古希腊哲学家伊壁鸠鲁把人的需求分为三类：第一类是"既自然又必要的需求"；第二类是"虽自然但并非必要的需求"；第

三类是"既不自然又不必要的需求"。性的需求属于第二类，而食的需求属于第一类。（叔本华《人生智慧箴言》）

所以说，肚子绝非是"多余"的，肚子的问题关系的是人类的最根本问题。

林语堂谈到，中国人智慧的主要表现之一便是注重饮食的文化和吃饭的艺术："洞烛人类天性的中国人，他们不拿争论去对簿公庭，却解决于筵席之上。他们不但是在杯酒之间去解决纷争，而且也可用来防止纷争。在中国，我们常设宴以联欢。""当肚子好着的时候，一切事物也都好了。"（《生活的艺术》）

而李泽厚直接把中国的哲学特质归结为"吃饭的哲学"。可见肚子的问题非同小可。

看起来简单的肚子，说起来却有无穷的话题。

当它消失时，你感觉不到它的缺席；但当它出现的时候，却能给人带来很多烦恼。世间的很多事物，岂不都是如此？

似倩麻姑痒处搔：
虱子、搔痒及其雅致化

痒的问题

搔痒，看似小事，实则对生活舒适度的影响很大。

在古代社会，卫生条件相对落后，虱子横行，而沐浴并非人人都能享用，也非天天所敢奢望，不管男女老幼，还是帝王将相，个人卫生状况一定不甚理想。痒，恐怕就成了每个人经常遇到的尴尬。

痒，大概也是人很难忍受的感觉之一。

据说，古代最残酷的刑法还不是"杀千刀"之类残害肉体的刑罚，而是"笑刑"：在脚底抹上蜂蜜，让羊来舔，人会奇痒难忍，大笑而死。

余华小说《现实一种》中就有类似的情节，读来令人毛骨悚然。

苏东坡说："'处贫贱易，耐富贵难；安劳苦易，安闲散难；忍痛易，忍痒难。'人能安闲散、耐富贵、忍痒，真有道之士也。"(《俚语说》）真可算是深得三昧之语。

古人为了解决搔痒问题，真是费尽苦心。

图 3-12 清乾隆铜胎画珐琅福寿如意，大概只是纯装饰物，失却了实用功能

比如说如意，据传它的起源是兵器，黄帝曾以此战蚩尤。也有人认为如意最早是一种佛具，用来记录经文，后来变为祥瑞、辟邪的器具。

但如意落入民间，高大上的出身变成了"痒痒挠"，又名"搔杖"，还有一个绝妙的称呼是"不求人"。

背部大痒，自己双手难以抓到，必须要求助于他人，唐杜甫诗曰："令儿快搔背，脱我头上簪。"(《阻雨不得归瀼西甘林》）就写出了求人抓痒有如救命一般的迫切心情。但有了如意之后，就能自己自在地搔痒，不再求人。乐何如之！

扪虱而谈

痒经常是因为虱子。

古代卫生条件落后，虱子很多，瘙痒难忍时，就当众捉虱子，也不以为尴尬，人人如此，大家也就见怪不怪了。

魏晋时期的王猛，年少好学，胸有大志，不拘小节，有朋友来拜访，披着衣服与朋友见面，"一面谈当世之事，扪虱而言，旁若无人"（《晋书·王猛传》）。

之后，"扪虱而谈"似乎成了一个雅致的词汇，用以形容志同道合的朋友之间谈兴十足的情景。鲁迅在其名篇《魏晋风度及文章与药及酒之关系》中就说："'扪虱而谈'，当时竟传为美事。"

"扪虱而谈"后来成为一个特别的典故，历代诗文中使用的例子很多。

李白的诗中有"披云睹青天，扪虱话良图"（《赠韦秘书子春》）之句，苏轼《和王斿》诗中写道："闻道骑鲸游汗漫，忆尝扪虱话悲辛。"

白日无聊，边晒太阳边捉虱子，也是快意之事："负暄不可献，扪虱坐清昼。"（宋黄庭坚《次韵师厚病间》）

有时捉虱子后睡个午觉，也算是一种享受："白昼扪虱眠，清风满高树。"（元揭傒斯《题牧羊图》）

现代人也使用这一典故，实际上已经不再捉虱子，但取其寓意罢了。周恩来的一首诗中就写道："扪虱倾谈惊四座，持螯下酒话当年。"（《送蓬仙兄返里有感》）

也有人以"扪虱"作为书名，大概取闲适、不拘之意，如宋代陈善写有《扪虱新话》，今人栾保群有《扪虱谈鬼录》等。

麻姑的指爪

如上所说，搔痒时有了如意可以"不求人"，但如意不在手边的时候怕还是要求人的，而且有些时候，人比如意挠起来更舒服。

所以有些人臆想到了美人，后背瘙痒难耐，如有美人用细指甲来抓一番，真应是无上美妙的享受。

这种想象大概是男人们的一种审美意象与性幻想的奇妙结合，而这一想象还与一位女神联系在了一起。

古代传说中，一位叫麻姑的神仙，有次临降到一个名叫蔡经的人的家里。

麻姑年纪大约十八九岁，长得漂亮，衣着光彩耀目，却自称已经见过东海三次变为桑田，可见年岁已经很高。如此高龄却又如此美貌，这也是后来民间把麻姑作为长寿标志的原因。

麻姑手指细长，似"鸟爪"，蔡经看到之后心里想，如果背痒时，能用此手抓背，那该是多美妙的一种享受啊。

岂料他刚有这一念头，就被麻姑发觉，于是只见有鞭子抽打蔡经，但却看不到持鞭的人。

有的资料记载得更为血腥，说此刻蔡经倒地，两眼流血，颇类似恐怖电影的场景。

此传说散见于《列异传》、东晋葛洪《神仙传》等文献。唐代书法家颜真卿的著名书法作品《有唐抚州南城县麻姑山仙坛

图 3-13　麻姑献寿图的标准模板，细长的"鸟爪"是其核心特征

记》所记甚详。

关于麻姑形貌的记载，除了强调其年轻貌美之外，尤其突出描写的就是她的手，纤细修长，貌似"鸟爪"。

古人对于美人之手的赞美，大致集中在四个标准上：白、柔、细、尖。《孔雀东南飞》就提到焦妻刘氏"指如削葱根"，周邦彦的《少年游》也有"纤指破新橙"的句子，都是在说美人的手又尖又细。按照这个标准，麻姑的鸟爪肯定就是最美的手了。

除了麻姑，古代诗文中还常提到一位手指细长的美人，就是耿先生。

耿先生大概是五代时期的一位女道士，长得漂亮，且手指非常长："手如鸟爪，不便于用，饮食皆仰于人。复不喜行，宫中常使人抱持之。"（宋吴淑《江淮异人录》）

手指细长得都难以吃饭，不由让人想起李渔在《闲情偶寄》中提到的那位脚小得无法走路，行动都要依仗别人抱着的"抱小姐"了。

美的极致，竟然成了病态。

麻姑搔痒的典故

搔痒虽说可以公开进行，但请别人来搔痒，毕竟是亲近之人才能代劳。

看见美女的男人，幻想用美女的鸟爪为自己扒背，这一想法其实就包含着性的幻想。

就像穷酸书生会在夜晚幻想狐狸精变作美女来陪伴自己一样，这种想法的普遍性可以从古代诸多的狐仙故事中体现出来。

搔痒问题和指甲、美女、性幻想等因素结合起来，就奇妙地组合成了"麻姑搔痒"的典故。

麻姑成了很多诗文的母题，比如沧海桑田、长寿等，但历代男性诗人们很喜欢用的一个典故就是麻姑搔痒。

如喜欢描写美女，诗中"十句九句言妇人酒耳"（王安石语，见宋惠洪《冷斋夜话》卷五）的李白就写道："明星玉女备洒扫，麻姑搔背指爪轻。"（《西岳云台歌送丹丘子》）

其他的例子所在多有，如"杜诗韩笔愁来读，似倩麻姑痒处搔"（唐杜牧《读韩杜集》），"直遣麻姑与搔背，可能留命待桑田"（唐李商隐《海上》）。

清人孔尚任《桃花扇·会狱》中有句话："只愁今夜里，少一个长爪麻姑搔背眠。"直把性幻想推向了极致。

也有人提醒要注意教训，不要一见到美女的细甲，就联想起搔背。宋苏辙《赠吴子野道人》诗就说："道成若见王方平，背痒莫念麻姑爪。"

这一主题在近现代的诗作中也不断出现，如蔡元培的《书纨扇诗》（1895 年 5 月 10 日）中就有这样的诗句："能娅石笥文心古，最惜麻姑指爪长。"

陈寅恪有一首诗也说："愿比麻姑长指爪，傥能搔着杜司勋。"（《甲午春朱叟自杭州寄示观新排长生殿传奇诗因亦赋答绝句五首近戏撰论再生缘一文故诗语牵连及之也》〔1954 年〕）

还有个有趣的例子是，胡适读书时期第一次造访女宿舍后，给任鸿隽的一首诗中写道："何必麻姑为搔背，应有洪崖笑拍肩。"

"拍洪崖肩"是著名典故，大致是修仙成道的意思。晋人郭璞《游仙诗》就说："左挹浮丘袖，右拍洪崖肩。"

胡适去了女生宿舍，看到女生，似乎性幻想有些萌动，于是赶紧提醒自己，不要看到美女就想着搔背，应该向洪崖先生看齐，努力修炼读书，活脱脱一幅青春期男生的心理画像。

温泉水滑洗凝脂：四
古人的沐浴

沐浴和洗澡

沐浴大概是人类休闲生活中最令人惬意的享受了。

古人对于沐浴颇为讲究，也分得很细，按照东汉许慎《说文解字》的说法，"沐，濯发也"，"浴，洒身也"，"洗，洒足也"，"澡，洒手也"。"洒"古代同"洗"字。即是说，沐为洗头，浴为洗身，洗为洗脚，澡为洗手。后来常用沐浴或洗澡来作为统称。

今人以"洗"字代称其他几种动作，较之古人显得相当不雅致。殊不知雅致生活就在繁琐与细节之中。

沐浴源起于实用目的，出于清洁身体的需要，后来慢慢与礼仪、宗教、休闲等结合在一起，形成了中国独特的沐浴文化。

西周时期形成了完善的沐浴礼仪，沐浴不再仅仅是清洁身体，而是被赋予了礼制和宗教的功能。祭祀之前必须斋戒沐浴，以示虔敬。

"孔子沐浴而朝"（《论语·宪问》），朝见天子亦先要沐浴，这种礼仪后来成了一种制度。

周朝在王畿以内建立"汤沐邑"，赐予朝见的诸侯，供他们在那里住宿和斋戒沐浴。

沐浴与民俗

沐浴是民间习俗的重要组成部分，如婴儿新生三天时，要进行"洗三朝"的仪式。

图 3-14　浴婴，古今差别不大

其他民族亦有类似的浴婴礼，最为人熟知的就是基督教为新生儿所进行的"洗礼"。

中国古代最有名的关于"洗三"的故事，是一个历史的闹剧。

杨贵妃认安禄山为干儿子，在安禄山当年生日后的第三天，"以锦绣为大襁褓，裹禄山"，做"洗儿"仪式。当时唐玄宗恰好从旁走过，听到笑声，问明缘由，不怒反喜，且"赠贵妃洗儿金银钱，复厚赐禄山"。（《资治通鉴》卷二百一十六）

"洗儿"仪式成了安禄山受宠的转折与标志。

又如妇女多在六月初六日沐发，民间认为此日洗头发可令头发不腻不垢。动物家畜，如骡马、猫、狗之类，亦在此日"沐于河"。（清潘荣陛《帝京岁时纪胜》）

沐浴还是一种待客礼仪。

《仪礼·聘礼》称："管人为客，三日具沐，五日具浴。"招待客人，需要提供能三日洗头、五日洗澡的条件。

"三日具沐，五日具浴"后来也成为一种惯例，汉代给官员每五日放假一天，就是让他们能够有时间去洗澡。《初学记》云："汉律：吏五日得一下沐，言休息以洗沐

图 3-15　清人描绘的杨贵妃出浴

也。""休沐"也成了中国古代较早的放假制度。

沐浴与生活

从功能上来说，沐浴更主要是人们休闲养生的一种方式。

古人对于洗澡十分讲究，如《礼记·玉藻》提到："浴用二巾，上绨下绤。出杅，履蒯席。连用汤，履蒲席。衣布晞身，乃屦，进饮。"

洗浴后擦拭身体要准备两种毛巾，上体使用一种细葛布做成的毛巾，下体使用一种粗葛布做成的毛巾。出浴盆之后，先站在蒯草席上，用水冲洗，再站在蒲草席上，擦干身体，穿上鞋子，然后再补充水分。这一过程含有仪式的意味，十分考究和细致。

又如《宋史》所记载的北宋名臣蒲宗孟，洗浴花样繁多："常日盥洁，有小洗面、大洗面、小濯足、大濯足、小大澡浴之别。每用婢子数人，一浴至汤五斛。"讲究得实在有些过分。

但在一般人的生活中，洗浴是清新舒适的放松方式。白居易的《新沐浴》大概是古代诗文中描述沐浴感受最为优美的文字了：

形适外无羔，心恬内无忧。

夜来新沐浴，肌发舒且柔。

宽裁夹乌帽，厚絮长白袛。

袛温裹我足，帽暖覆我头。

先进酒一盂，次举粥一瓯。

半酣半饱时，四体春悠悠。

沐浴与养生

古人对于洗浴的讲究，还和一个因素有关，那就是养生。

"头有创则沐，身有疡则浴"（《礼记·曲礼》），沐浴可用来治疗，古代流行泡温泉，就是出于养生治疗的原因。

虽说洗浴对身体有好处，但对古代的养生家来说，洗浴却有很多讲究和禁忌，不掌握时间和场合，反而对身体有害。

李渔就提到有养生家认为洗浴会"冲散元神"（《闲情偶寄》），尤其是在体温与水温冷热相差较大时，危害尤大。

所以李渔专门细致地描述了洗澡时该如何避免温差：在解衣脱帽之时，"先调水性，使之略带温和，由腹及胸，由胸及背，惟其温而缓也，则有水似乎无水，已浴同于未浴"。

许多养生类书籍对洗浴养生都有详细介绍，如明人高濂的《遵生八笺》、清人曹庭栋的《老老恒言》等。

浴室

古代有钱人家可自置浴室。

《长物志》中详述了浴室的结构：浴室一般分为前后两个房间，中间有墙隔开，前室砌置铁锅盛水，后室安置炉灶燃薪烧水。

浴室布置最重要的要求是要密闭，以免洗澡时为风寒所侵。

浴室外面凿一口井，安放辘轳打水，在墙上凿一个孔将水引入前室铁锅内，室后面挖一水沟，洗澡后能将水排出去。

这种周到细致的安排，非常合理、科学。

后来随着公共浴室的流行，洗浴不再局限于富贵之家，平常百姓也能经常享受洗浴之乐。

公共浴室在宋代开始流行，当时人们常把澡堂称为"香水行"，其标志是在门口悬挂一个水壶，清代则改挂灯笼作为标志。

澡堂中提供很多服务，除洗澡外，还能喝茶饮食、搓背修脚、按摩推拿、理发打辫等。入清后，人人留辫，澡堂打辫也成了一种极好的生意。

澡堂里最为惬意的享受莫过于搓背，苏轼有两首著名的《如梦令》，写的就是在澡堂搓澡休闲的感受：

水垢何曾相受，细看两俱无有。寄语揩背人，尽日劳君挥肘。轻手，轻手，居士本来无垢。

自净方能净彼，我自汗流呀气。寄语澡浴人，且共肉身游戏。但洗，但洗，俯为人间一切。

可能是搓背人用力太重，痛得苏轼大叫"轻手，轻手"，但在澡堂中"汗流呀气"的"肉身游戏"，还是能让人的身心都感到轻松惬意。洗浴之后，神清气爽，"俯为人间一切"，精神也因此得以超越。

生活小事，竟能写得如此有趣可爱，且能思致高远，非大家之笔不能为也。

沐浴与个性

洗浴在清洁身体之余，也体现着洗浴者的精神和个性。

如南朝何佟之性好洁净，沐浴成癖，一天要洗十几次澡，人称"水淫"。按照现在的标准，或许就是洁癖症患者。

另一南朝名士卞彬却相反，十年不换衣服，"摄性懒惰，懒事皮肤，澡刷不谨，浣沐失时"，他似乎在用这样的反常行为，来体现其"摈弃形骸"的思想。

身体多年不洗澡，蚤虱丛生，卞彬于是作《蚤虱赋》，说自己不洗澡，虽然瘙痒难忍，但对于身上的蚤虱来说，"无汤沐之虑，绝相吊之忧"，大可放心共存了。

抛弃形骸，体现的是魏晋名士的洒脱风度，但却不知道卞彬在瘙痒难忍的时候如何挨过，这时是否也会渴望有麻姑的鸟爪来搔背呢？

中国古代文人在洗浴中追求的并不只是清洗身体，更希望通过身体的洁净来"洗心""浴德"，洗浴不但与个人和肉体有关，同时也与文化与道德有关。

沐浴只是小事，但却能超越个体，进入道德、宗教、政治，以至于审美的层面上来。

古人生活中处处充满着审美精神，沐浴即明证也。

瑷碟斜窥红粉妆：
古代的眼镜

眼镜的传入

古代早期没有眼镜，照明条件又差，秉烛夜读实在是件很困难的事。唐代的孙思邈在《千金方》中就提到夜读细书对眼睛会造成很大的损害。

在古代养生之类的书中，常把保养眼睛作为重要的内容。

在古人的观念中，眼睛是脏腑精气之所注，"五脏六腑之精气皆上注于目为之精"（《灵枢·大惑论》）；人年老之后，精气渐衰，也就双目昏花了。

宋代陈直所编的《寿亲养老新书》中，列有"治眼昏夜光育神丸"，说此药"久服目光炯然，神宇泰定，语音清彻，就灯永夜，眼力愈壮，并不昏涩，不睡达旦，亦不倦怠。服两三月后，愈觉神清眼明，志强力盛，步履轻快，体气舒畅，是药之效"。这实在是有些神化的说法。

中医重视眼科，相关医书甚多，比如《目经大成》《目科

捷径》《眼科启明》《眼科要旨》《眼科阐微》《眼科集成》《眼
科纂要》。

民间也有眼光娘娘崇拜，其主要负责消除眼疾。

后来中国人利用水晶石片制成眼镜，主要用来增进视力，辅
助看书。

眼镜在古代被称为"叆叇""僾睫"，有时也称为"读书
石""单照""眼环"等。南宋《洞天清录》云："叆叇，老人不
辨细书，以此掩目则明。"

视觉较之其他感官知觉来说，对人类活动的影响更大。视力
下降和衰弱是无可避免之事，眼镜的发明看似细微，实则对整个

图 3-16　仇英画作中戴眼镜的人，这是已知中国古代最早的眼镜图像

人类来说都关系重大。就像美国学者波兹曼所说：

　　有人指出，12世纪眼镜的发明不仅使矫正视力成为可能，而且还暗示了人类可以不必把天赋或缺陷视为最终的命运。眼镜的出现告诉我们，可以不必迷信天命，身体和大脑都是可以完善的。我觉得，如果说12世纪眼镜的发明和20世纪基因分裂的研究之间存在某种关联，那也并不为过。（《娱乐至死》）

　　古代的水晶石镜片虽然至今还在使用，但效果大不如今日普遍使用的玻璃镜片。

　　玻璃镜片眼镜是在明末由来华传教士带入中国的。清代赵翼就说："古未有眼镜，至有明始有之，本来自西域。"（《陔余丛考》卷三十三）

　　明清时期的传教士来华，进献的礼品中，常含眼镜。

　　如雍正七年，西洋人戴进贤送给雍正皇帝一副眼镜，雍正对眼镜的样式有些不高兴，传旨说："着照朕带的样式装修，再将盒内西洋字白纸签，着西洋人认看，应写汉字。"（《清代内务府造办处活计档》）

　　有时候西洋人一次进贡上百副眼镜，其中包括老花镜、近视镜、平光镜等。镜架、镜套、镜盒等配件的装饰也十分精美。

　　宫廷里面也会安排工匠专门为眼镜制作华美贵重的匣子，后来还设置专门的机构来修理和制作眼镜，以满足日益增多的需要。

眼镜的价格

眼镜在明清时期算是贵重物品，有些眼镜以玳瑁作为镜架，清代《都门竹枝词》有"眼镜镶来玳瑁边"的句子。

玳瑁在古代是华贵、祥瑞的象征，唐代诗人沈佺期的诗歌《独不见》中写道："卢家少妇郁金堂，海燕双栖玳瑁梁。"即是用玳瑁来营造富贵、豪华的氛围。

眼镜在清代成为流行物品，但却并非寻常人家所能买得起。《红楼梦》中有两处提到了眼镜，使用者都是贾府中地位最高的贾母。

第五十三回描写贾母在大花厅看戏，坐于短榻上，"榻之上一头又设一个极轻巧洋漆描金小几，几上放着茶吊、茶碗、漱盂、洋巾之类，又有一个眼镜匣子。贾母歪在榻上，与众人说笑一回，又自取眼镜向戏台上照一回"。方豪《从〈红楼梦〉所记西洋物品考故事的背景》一文认为贾母观察远处使用的"眼镜"，或是望远镜。

但《红楼梦》的另一处描写则基本能确定就是眼镜。九十五回中描写贾母看玉时，也提到了戴眼镜的细节："贾母打开看时，只见那玉比先前昏暗了好些。一面擦摸，鸳鸯拿上眼镜儿来，戴着一瞧，说：'奇怪，这块玉倒是的，怎么把头里的宝色都没了呢？'"

　　清人叶梦珠在《阅世编》中详细记述了当时眼镜价格的变化：

　　眼镜，余幼时偶见高年者用之，亦不知其价。后闻制自西洋者最佳，每副值银四五两，以玻璃为质，象皮为干，非大有力者不能致也。顺治以后，其价渐贱，每副值银不过五六钱。近来苏、杭人多制造之，遍地贩卖，人人可得，每副值银最贵者不过七八分，甚而四五分，直有二三分一副者，皆堪明目，一般用也。惟西洋有一种质厚于皮，能使近视者秋毫皆晰，每副尚值银价二两，若远视而年高者戴之则反不明，市间尚未有贩卖者，恐再更几年，此地巧工亦多能制，价亦日贱耳。

可以看出最初眼镜的价格甚高，非一般人可以使用，但后来随着眼镜国产化比例增高，价格也随之下降，眼镜也由此进入寻常百姓家。

对眼镜的排斥

　　眼镜效果明显，实用方便，但因来自西洋，有人便对其持排斥的态度，这一立场之代表者就是乾隆皇帝。

　　虽然乾隆时期眼镜颇为普遍，但乾隆帝一直坚持不佩戴眼镜。他对眼镜的效果十分清楚："用助目昏备……老年所必须，佩察秋毫细。"

但他坚决排斥眼镜，一是因为材料，他认为西洋的玻璃眼镜对身体有所损害，不如传统的水晶镜片，"玻璃云害眼，水晶则无弊"，"玻璃者过燥，水晶温其性"；二是因为习惯佩戴之后，就难以摆脱，人为物役，"一用眼镜，则不可舍，将被彼操其权也"。所以他语重心长地提醒后人："敬告后来人，吾言宜深思。"（乾隆帝《眼镜》诗）

这一传统似乎一直在宫廷流行，后来溥仪想要戴眼镜时，遭到端康太妃等人反对，认为这一行为有违祖制。（庄士敦《紫禁城的黄昏》）

晚清著名文人包天笑在《我的近视眼》一文中提到自己小时候在苏州穿珠巷配制眼镜，回家后却遭到祖母的反对：

戴着眼镜去见祖母，祖母说："小孩子不能戴眼镜，只怕愈戴愈深，藏起来，到要看远处的地方才戴吧。"

不但小孩子不能戴眼镜，苏州那些所谓书香人家的子弟，虽然近视眼很多，年轻时也不大许戴眼镜。说也可笑！他们希望在科举上发达，预备将来见皇帝，什么引见、召见之类，都是不许戴眼镜的。我有一位朋友，他祖上是做过大官的，却是个高度近视眼。有一天，皇帝在便殿召见，那皇帝东向而坐，对面却安一面大穿衣镜的屏风，他糊里糊涂，只向那面大穿衣镜面前跪了。

太监看见了，掩口而笑，把他拉过来，说道："皇上在这里。"因为他是大臣，不加谴责，但是皇帝心里终觉得不高兴，臣子不免就吃亏了。(《钏影楼回忆录》)

"楚王爱细腰，宫中多饿死"，当今皇帝深恶眼镜，百姓遂不戴。这则貌似杜撰的故事，折射的是当时社会的一般心理及民众对于西洋器物的态度。

戴眼镜的时尚

不过，这样的反对是无济于事的。在文人和官员群体，以及后来的大众群体之中，眼镜逐渐成了一种实用又时尚的物品。

从康雍时期开始，佩戴眼镜就变得越来越普遍，嘉庆、道光时期，文人和官员流行在身上佩戴眼镜盒，可见眼镜在个人用品中的重要性。

民国以后，眼镜更成为大众物品。

1914 年北京撷华书局出版的《新北京指南》中，把"洋眼镜"列为"文明器具"。

有人讽刺民初的官员："头戴外国帽，眼架金丝镜，口吸纸卷烟，身着哔叽服，脚踏软皮鞋，吃西菜，住洋房，点电灯，卧铜床，以至台灯、毡毯、面盒、手巾、痰盂、便桶，无一非外国货，算来衣食住，处处仿效外国人。"（《中华民国国务员之衣食住》，《申报》1912年5月7日）"金丝镜"虽是"仿效外国人"的结果，但其实已经广泛渗入到大众生活中了。

　　1912年1月6日的《申报》上有一篇题为《时髦派》的文章，讽刺所谓的时髦派，其中提到："女界上所不可少的东西：尖头高底上等皮鞋一双，紫貂手筒一个，金刚钻或宝石金扣针二三只，白绒绳或皮围巾一条，金丝边新式眼镜一副，弯形牙梳一只，丝巾一方。"

　　而对于时髦男子来说，"不可少的东西：西装、大衣、西帽、革履、手杖，外加花球一个，夹鼻眼镜一副，洋泾浜几句，出外皮篷或轿车或黄包车一辆，还要到处演说"。

　　有趣的是，男女时髦派所共同必备物品，只有眼镜一种。

　　戴金丝眼镜是当时的时尚："自金丝眼镜出，而闺阁中乃有借此为美观者。近则上自官眷，下至娼妓，几于数见不鲜。"（《图画日报》第二册）

图3-17 溥仪戴眼镜、着洋装，紧跟时尚

起初，戴眼镜者多是读书人，时间既久，眼镜也就成了读书人的标志。

当时社会中还有羡慕读书人的风气，不读书的人也戴上眼镜，假装近视来装斯文："眼镜戴来装近视，学他名士老先生。"（清杨米人《都门竹枝词》）

清代杨静亭《都门杂咏》也道："眼镜戴来装近视，教人知是读书人。"

对年轻人来说，眼镜也是时尚的象征，他们逐渐成为佩戴眼镜的主流群体。"近视人人戴眼镜，铺中深浅制分明。更饶养目轻犹巧，争买皆由属后生。"（清学秋氏《续都门竹枝词》）

墨镜最能展现时髦的一面："一段洋烟插口斜，墨晶眼镜避尘沙。同游欲博如花笑，亲手拉缰坐马车。"（清黄式权《淞南梦影录》卷四）

女性也流行戴眼镜，追求潮流。徐珂的《清稗类钞》说："妇女之好修饰者，亦皆戴之以为美观矣。"

近现代社会中，眼镜成了年轻人的标配，广泛地进入了大众生活之中。

后生们买眼镜，其实也并非全是为了学名士，装读书人，"少年不尽风流态，暖睐斜窥红粉妆"（清李行南《申江竹枝词》）。近视眼的后生，眼镜一戴，得窥美人风韵，那一刻，不啻在眼前开启了一个新世界。

娱乐：运动、游戏与休闲

体育是人类极为重要的一种休闲方式。

体育起源于早期人类的生产实践活动，如生产劳作、工具器械的使用、军事战争、宗教祭祀、医疗养生等，在这些活动中形成的实用性技能，慢慢演化成了体育运动。

在和平时期及文明高度发达之后，体育则多与强身健体的保健目的、鼓舞奋进的励志目的，及休闲怡情的娱乐目的有关。特别是在现代社会中，随着商业社会的成熟，体育运动成了现代人最为重要的娱乐方式。

古今体育的内涵有所不同：现代体育的观念源自西方，强调竞技性和观赏性；中国传统体育运动则重视养生和文化，体育运动在强身健体的同时，还包含着礼乐文化、道德教化、人文情怀、精神境界等内涵。

游戏代表着人的自由本质，只有在游戏状态中，人才真正摆脱了现实和功利的束缚，进入到自由状态。

游戏自人类诞生之初就已出现，在历史中不断丰富；游戏也是人类闲雅生活中最重要的组成部分，男女老幼都喜欢。

明代杨尔曾的小说《韩湘子全传》第五回中有这样一段描写："湘子回到书房中，闷闷不乐，坐在那里调神运气。两个当值的近前道：'大叔不要愁烦，我们寻些怎么替大叔解闷何如？'湘子道：'世上有甚么东西解得闷？'当值的道：'蒲牌、斗草、打双陆、下象棋、绰纸牌、斗六张、掷骰子、蹴气球，都是解得闷。'"里面提到的这些都是古代常见的游戏。

翻身向天仰射云：
射箭与投壶

射箭的起源与演变

射箭是古代一种重要的体育运动项目，最初源于狩猎与战争，在距今 2.8 万年的山西峙峪旧石器时代遗址中，就发现了石箭头。

最初是人们发现一些树枝有弹力，于是利用这种树木发明了弓，再设计出了箭。谯周《古史考》中说："木名柘树，枝长而乌集，将飞，枝弹乌，乌乃号飞，后故以柘树为弓，名曰乌号。"

关于弓箭的起源，有种说法说是东方夷人所发明，《说文解字》说夷字从大从弓，就是人拉弓射箭的意思。

《新唐书》提到姬姓氏族中一个叫挥的人，发明了弓箭，他的子孙也由此被赐姓张，就字形来看，"张"字即是人手持弓箭的象形。

在原始时代和战争时期形成的技能，往往会在文明时代以仪式和娱乐的形式保留下来，成为一种集体记忆。此外，人类也利

图 4-1 法国传教士王致诚描绘的乾隆帝射箭

用这些活动保持和培育自身战胜困难的勇气和能力。

多数体育活动项目都是如此,在规则之下,保持着战争的形式,竞技过程中,运动员和观众其实都经历了一次模拟战争的心理过程。

射箭作为古代社会中重要的技能之一,也被保留在各种文化形式之中。

西周时期,射箭从实用技能上升为"六艺"之一,儒家把"礼、乐、射、御、书、数"作为教育的内容。男子自幼就要学习射箭,"子生,男子设弧于门左"(《礼记·内则》),家里生了男孩,就把木弓挂在门的左边,射箭成了男人的标志。

　　射箭在"六艺"之中十分重要，古代有专门教习射箭的地方，如"射庐""学宫""辟雍""大池"。唐代开武举，科目之中有马射、步射、平射、马枪、负重、摔跤等，射箭在其中占有很大分量，"须凭弓箭得功名"（唐令狐楚《少年行》）的说法确乎如是。

　　教习射箭，不只是教会学生射箭的技能，更重要的是把射箭和礼乐教化结合起来。

　　六艺本身就是礼乐教育的具体化，通过习射，让人能"明长幼之序"和"君臣之义"，重视在习射过程中"进退周还必中礼"。（《礼记·射义》）

　　射箭的竞技性在后世逐渐弱化，仪式性和娱乐性加强。

　　儒家主张"射不主皮"，就是说射箭不一定要求是"贯革之射"，即不一定要穿透皮革，只要中的就可以。点到为止，强调的就是射箭的仪式性。

射箭的娱乐化

　　射箭在后世逐渐被仪式化和娱乐化。

　　古代有射礼运动盛会，通过射礼竞技来择士。

　　这种盛会经常由君主来主持，场面宏大，射箭与礼仪结合，最后胜者受到嘉奖，输者罚酒，比赛结束有盛宴庆祝，"众无不醉"。

除了官方会组织有关射箭的娱乐活动，民间也会组织这样的活动。东汉应场的《驰射赋》就说："于是阳春嘉日，讲肆余暇，将逍遥于郊野，聊娱游于骋射。"

古代的知识分子确有英武之气，于讲课后的余暇时间，逍遥于野外自然之中，驰骋打猎，实在不同于后来手无缚鸡之力的腐儒。

张衡的《南都赋》也说："群士放逐，驰乎沙场。骙骙齐镳，黄间机张。足逸惊飙，镞析毫芒。俯贯鲂鲉，仰落双鸧。鱼不及窜，鸟不暇翔。"场面简直和战场无异。

射箭娱乐活动中有一种叫作"赌射"，即约定一些规则，以射箭来打赌决胜负。

《南史》中曾记载，武陵昭王"于华林射赌，凡六箭，五破一皮，赐钱五万文"。就是说，六支箭，如果有五支均射穿同一箭靶，就算胜利。

女子骑射

魏晋南北朝时期，女子就已流行射箭，尤其是北方游牧地区的女性，英勇尚武，不让男儿。

《北史》记载北魏孝明皇帝的母亲宣武灵皇后颇精于射术，她有一次"幸西林园法流堂，命侍臣射，不能者罚之。又自射针孔，中之，大悦，赐左右布帛有差"。能射中针孔，射术实在是了得。

晋陆翙在《邺中记》中记载后赵的石虎在位时期女性在上巳节外出游玩射箭的情景："石虎三月三日临水会，公主、妃嫔、名家妇女，无不毕出，临水施帐幔，车服燦烂，走马步射，饮宴终日。""走马步射"成了贵族女性主要的娱乐活动。

南北朝时期，战争频仍，社会动荡，女性常加入征战的行列，最著名的例子就是北朝民歌《木兰诗》中的花木兰。

女性在这种环境中勇毅尚武，掌握了许多本领，射术当是其中最重要的一种。在和平时期，这些技艺就转化成了娱乐活动。

杜甫《哀江头》写出了女性在射箭时的飒爽英姿："辇前才人带弓箭，白马嚼啮黄金勒。翻身向天仰射云，一笑正坠双飞翼。"

女性射箭的娱乐性更强，比如射鸭、射飞鸟、射粉团等。

宫内女子大概没什么机会去野外骑射，在宫内除了靶子，鸭子和飞鸟就成了射箭的对象。"新教内人唯射鸭，长随天子苑东游。"（唐王建《御猎》）"鱼藻池边射鸭，芙蓉国里看花。"（唐王建《宫中三台》）"楼船泛罢归犹早，行遣才人斗射飞。"（唐卢纶《宫中乐》）

射粉团是端午节流行的一种游戏，粉团即糯米糍粑，用特制的小弓箭射之，得中者可以吃粉团。

《开元天宝遗事》中就说："宫中每到端午节，造粉团角黍，

图 4-2　女子端午射粉团

贮于金盘中，以小角造弓子，纤妙可爱，架箭射盘中粉团，中者得食。"看来是一种很有趣的游戏。

投壶

射箭在娱乐性方面最佳的体现当属投壶。

投壶由射礼演变而来，"投壶乃射礼之变也"（清徐士恺《投壶仪节》）。

司马光说，投壶起源于燕饮之间，有人或不能射箭，"举席间之器以寄射节焉"（《投壶新格》），代之以投壶进行娱乐。

也有人说是因为在庭除之间聚会时，地方狭小，"不能弧矢之张也，故易之以投壶"（明汪禔《投壶仪节》）。

投壶虽也讲究礼仪，但更重娱乐性。

最早投壶就是用酒壶，后来有了专用的壶，如较为流行的贯耳壶，就是在原有壶口外增加了两个小的投孔（鹄），以增加投壶的难度，投起来花样也更多。

壶的材质有铜、铁、瓷等多种，箭一般用柘木、棘木或竹子，根据场地与投壶的大小，也会使用不同规格的箭。

投壶有一定的程序，除宾主之外，还有负责监督的司正，根据规则决出胜负，败者罚酒，气氛紧张而又活跃。

图 4-3　明宣宗（宣德皇帝）投壶，娱乐性十足

名园蹴鞠称春游：
球类运动

在现代体育运动项目中，球类运动似乎最受欢迎，除了世界第一大运动足球外，还有篮球、排球、橄榄球、乒乓球、棒球、冰球等诸多项目。

中国古代也有不少球类运动，其中以蹴鞠、马球和捶丸为代表。

蹴鞠

蹴鞠传说为黄帝所创制，据说黄帝在战胜蚩尤之后，为发泄愤怒，把蚩尤的胃塞满毛发，让士兵们来踢。

这一说法虽不可考，但考古发现距今 3 400 多年的岩画中，就有多人踢球的场景，说明蹴鞠的起源确实非常久远。

蹴鞠在宋代十分流行，上至皇帝，下至平民，都喜欢玩蹴鞠。元代钱选所作《蹴鞠图》，描画的就是赵匡胤与群臣踢球的场面。

百姓也喜欢蹴鞠，宋人周彦质《宫词》说"名园蹴鞠称春游"，即是说把在园囿之中踢球当作是春游，可见蹴鞠在人们娱乐生活中的地位。

宋代发展出了非常复杂和高超的蹴鞠技巧，有

图 4-4 陪领导踢球——宋太祖蹴鞠

所谓肩、背、拍、拽、捺、控、膝、拐、搭、肷等"十踢法"：

> 肩如手中持重物，用背慢下快回头。
>
> 拐要控膝蹲腰取，搭用伸腰不起头。
>
> 控时须用双睛顾，捺用肩尖微拍高。
>
> 拽时且用身先倒，右膝左手略微高。
>
> 胸拍使了低头觑，何必频频问绿杨。
>
> （《宋陈元靓《事林广记》）

蹴鞠是士人才子消遣时偏爱的运动，还形成了专门的社团。

宋代有一个著名的足球社团"齐云社"，又称为圆社，平日教习与切磋，定期组织蹴鞠比赛，类似于今日的足球俱乐部。

蹴鞠被称为"闲中第一"，加入蹴鞠社团，是很多人所向往的

图 4-5 女子也蹴鞠，五代周文矩绘，反映的是唐风，足见蹴鞠的流行和社会的开放程度

事，宋时俗语有云，"天下风流事，齐云第一家"，"不入圆社会，到老不风流"。

史籍中记载有人以善蹴鞠而发达，著名的就是经常被大众提及的高俅，"蹴鞠真堪羡，风流夺翰林"。以球技高超而做官，可见蹴鞠在宋代受追捧的程度。

早期的足球是实心球，外部为皮，中间用实物填充，后来改用牛崾胞，弹跳性更好。

宋代开始用内气囊外包裹牛皮的方式制作足球，"香皮十二，方形地而圆象天……香胞一套，子母合气归其中"（《蹴鞠谱》）。

古代还有专门的打气工具，打气名为"打揎"："打揎，添气也。事虽易而实难，不可太坚，坚则健色浮急，蹴之损力；不可太宽，宽则健色虚泛，蹴之不起。须用九分着气，乃为适中。"（《蹴鞠图谱》）

还有人会踢石头做成的球。清代竹枝词《燕台口号一百首》中有一句："开场足送双丸石，蹴鞠遗风合问渠。"原注说："琢石为丸，以足蹋之，先后交击者为胜。"

还有一种类似蹴鞠的活动，叫蹴球，据《文献通考》说，起源于唐代，大概是蹴鞠的一种变形。

清代袁启旭的《燕九竹枝词》说："如蚁游人拦不住，纷纷挤过蹴球场。"可见当时已有专门球场，这样的活动很受大众欢迎。

现代足球是在鸦片战争之后传入中国的。

1867 年，在上海的外国人成立了足球总会，包括西商会、腊克斯、陶克工程会、万国商团、西捕等一批足球队。

1896 年，上海圣约翰书院足球队成立，是为第一支华人足球队。

足球运动后来在学校中广泛开展。在强身救国的风潮下，足球作为一种对抗性强、重视团队合作的运动，得到了更多年轻人的喜爱。"京师大学堂学生，人人具尚武之精神，而于踢足球一门尤为娴熟。每日在操场踢球时，各国西人之往观者，均为称赞不置。"（《大公报》1907 年 1 月 25 日）

马球

马球又称击鞠、打球、击球等，是骑马与打球相结合的一种运动。

因为骑马速度快、动作迅捷、变化多端，而古代防护措施有限，所以马球是一种非常惊险刺激、危险系数很高的运动。

马球起源较早，有人说来自吐蕃，有人说来自波斯，这些地方善于养马、骑马，也有精湛的骑术。

曹植在《名都篇》中写道："连翩击鞠壤，巧捷惟万端。"其中"击鞠"就是指马球，可见东汉末马球已经在上层中流行了。

唐代马球流行，汉人击球技艺高超，不让西域善骑的民族。

据说吐蕃迎娶金城公主时，唐中宗李显让吐蕃使臣在梨园亭子中看马球，吐蕃人不以为然，说我们来使的人中也有善于打球者，于是就和汉人进行比赛。

数次都是吐蕃人赢，此时还是临淄王的玄宗带领四人迎战，"玄宗东西驱突，风回电激，所向无前"，最终大胜吐蕃，挣回了面子。（唐封演《封氏闻见记》卷六）

图 4-6　唐章怀太子李贤墓壁画展现的打马球场景

马球运动激烈危险，唐玄宗毫不畏惧，且技艺超绝："开元、天宝中，玄宗数御楼观打球为事。能者左萦右拂，盘旋宛转，殊可观。然马或奔逸，时致伤毙。"（唐封演《封氏闻见记》卷六）

马球运动容易导致受伤，但勇士们还是乐于参与。马球有时就直接作为军队训练的项目，用以提高士兵的骑术和勇气。

唐时打球乃军中常戏，军队中的马球比赛，场面宏大，"百马攒蹄近相映"，"欢声四合壮士呼"（唐韩愈《汴泗交流赠张仆射建封》）。

军中不乏马球高手，据说一位夏将军技术了得，"尝于球场中累钱十余，走马以击鞠杖击之，一击一钱飞起，高六七丈，其妙如此。又于新泥墙安棘刺数十，取烂豆，相去一丈，一一掷豆，贯于刺上，百不差一。又能走马书一纸"（唐段成式《酉阳杂俎》前集卷五），实在是技近乎神。

尽管马球比较危险，但却是保持尚武精神的极佳方式。宋室南渡，宋孝宗"日御球场"，以此来提振官民精神，以图光复。

大臣都以此运动太危险而劝阻，但宋孝宗却说："正以仇耻未雪，不欲自逸尔。"（《宋史·周必大传》）

女子也流行打马球，英姿飒爽，刚柔并济，场面十分精彩：

妙龄翘楚，结束如男子，短顶头巾……艳色耀日，香风袭人，驰骤至楼前，团转数遭……人人乘骑精熟，驰骤如神，雅态轻盈，妍姿绰约。（宋孟元老《东京梦华录》卷七）

实在是美不胜收。

五代时期的花蕊夫人在《宫词》中多次提到马球："自教宫娥学打球,玉鞍初跨柳腰柔。"写尽了女子打马球时的婀娜姿态。

捶丸

捶丸是古代一种常见的球类活动,类似于今日的高尔夫球。

"捶"是打的意思,捶丸就是徒步用球杆击球,所以唐代称为"步打球"。唐代诗人王建的《宫词》就说:"寒食宫人步打球。"

图 4-7　明代高尔夫——宣宗捶丸

宋代多称为捶丸。使用的球棒类似于马球的球棒，"杖长数尺，其端如偃月"（《金史》卷三十五）。

捶丸非常讲究礼仪，元代的《丸经》说："捶丸之式，先习家风，后学体面。折旋中矩，周旋中规。失利不嗔，得隽不逞。若喜怒见面，利口伤人，君子不与也。"一项运动，牵涉到家风和德行，实在是十分高雅的绅士运动了。

宋元时期捶丸十分流行，宋徽宗、金章宗皆喜爱捶丸，大众也乐于参与，元代还出现了专门论著《丸经》。

捶丸的准备过程十分复杂，先要在球场上设球穴，球场一般设在野外起伏不平的场地上。这些都和现代的高尔夫球十分相似。

现代的高尔夫球运动起源于苏格兰，有人认为元代时，是蒙古人把捶丸带到了欧洲，从而促进了高尔夫球运动的形成。

力拔山兮气盖世:
角力类运动

远古时代，人类的劳作与争斗多依赖于体力，那时工具和武器都相当简陋，即便有简单的工具，也离不开人力。

后来发明了各种各样的工具，使得人类的活动越来越脱离体力，在价值链条中，人的体力也逐渐下降到低端价值部分。

古人早期的生活依赖于人力，充满力气的人也会受到崇拜和重用，游戏时以力量为基础的项目很多，如角力、角抵、摔跤、相扑等，这些运动之间存在着一定的关联性，但一般说来，越是后起的项目，其规则性、仪式性、观赏性、娱乐性就越强。

角抵

角抵是一种近身徒手搏斗的技能，以力量和技巧取胜。

传说角抵是在黄帝战蚩尤的过程中产生的，梁朝任昉《述异记》说："秦汉间说，蚩尤氏耳鬓如剑戟，头有角。与轩辕斗，以角抵人，人不能向。今冀州有乐，名'蚩尤戏'，其民两两三三，头戴角而相抵。"

远古时代的领袖和英雄，都是以力量过人为特征的，比如史书记载商纣王能"手格猛兽"（《史记·殷本纪》）。

这些角力的技能在后代除了继续在战争和狩猎中使用外，也转化成了体育运动和游戏项目。

秦汉宫廷中常有角抵表演，秦二世在甘泉宫中"作觳（角）抵优俳之观"（《史记·李斯列传》）；汉武帝也喜欢角抵，在上林平乐馆中安排角抵表演，"三百里内皆观"（《汉书·武帝纪》），可见声势之浩大。

汉代还常用角抵之戏来招待朝贡之外宾，以壮天朝声威。《后汉书·东夷列传》中提到，夫余国的国王来朝拜，"帝作黄门鼓吹、角抵戏以遣之"。

晋唐时期，角抵逐渐演化为相扑，两者虽有关联，但也有些不同。

图 4-8 湖北江陵出土的秦木梳，上绘三人作角抵戏

相扑

相扑是一种角力运动，在古代十分流行。

宋代有专门的相扑锦标赛，参赛者都是经过层层选拔的高手，最后决赛更是万众瞩目："若论护国寺南高峰露台争交，须择诸道州郡膂力高强、天下无对者，方可夺其赏。如头赏者，旗帐、银杯、彩缎、锦袄、官会、马匹而已。"（宋吴自牧《梦粱录》卷二十）

宋代调露子所作《角力记》中曾提到相扑的一些特点："夫角力者，宜勇气量巧智也。然以决胜负骋趫捷，使观之者远怯懦，成壮夫，己勇快也。使之能斗敌，至敢死者之教，男无勇不至，斯亦兵阵之权舆，争竞之萌渐。"所以相扑在军队中是比较盛行的，常作为训练士兵的有效手段。

在宋代，皇帝还亲自主持过相扑比赛。《宋史》记载，宋高宗在绍兴五年（1135）三月，阅看了五十多人的相扑角力。

相扑手高大威猛，强壮英武，常被选作重大仪式时的侍从。

图 4-9 敦煌壁画中的唐代相扑

在宴请外国宾客时，也常会安排相扑表演，以展现国家的英武之气。

城市之中常有商业性的相扑表演，宋代还出现了一批相扑明星。

《梦粱录》中提到的有周急快、董急快、王急快、赛关索、赤毛朱超、周忙憧、郑伯大、铁稍工韩通住、杨长脚等，从这些别致的名字中就能看出他们的一些特点。

宋代亦有女子相扑。

宋仁宗曾在元宵节去宣德门看妇人相扑，此举引来司马光的规劝："窃以宣德门者，国家之象魏，所以垂宪度、布号令也。今上有天子之尊，下有万民之众，后妃侍旁，命妇纵观，而使妇人裸戏于前，殆非所以隆礼法，示四方也。"（《论上元令妇人相扑状》）

女子相扑有专门称呼，名之曰"女厮扑"，参与者也要如男子一样裸露颈项臂膀，故有时称之为"女子裸戏"。这在古代是有伤风化的，皇帝公开去看尤其不应当。

在正式相扑之前，还有一种类似于相扑表演的"女飐"，用以预热气氛，吸引观众。南宋临安有不少女飐高手，如嚣三娘、黑四姐、韩春春、绣勒帛、锦勒帛、赛貌多、女急快。

体育运动亦有地域性。

如明清以后的江南地区，富庶繁华，民风温柔雅顺，但魏晋之前，吴地民风轻悍好战，盛行角力之戏。

图 4-10 郎世宁描绘的清代布库（摔跤），亦是角力之一种

　　《隋书·地理志》记载，南方各地，"人性并躁劲，风气果决，包藏祸害，视死如归，战而贵诈，此则其旧风也。……其人本并习战，号为天下精兵。俗以五月五日为斗力之戏，各料强弱相敌，事类讲武"。

在现代体育运动中，与水相关的项目非常多，古代此类体育运动也不少。

嬉水类运动有游泳、跳水、龙舟等，冰雪类运动有滑冰、滑雪、冰球、冰床等。

游泳

游泳是人类的基本生存技能，有关游泳的记载很早，如《诗经·邶风·谷风》就写道："就其深矣，方之舟之；就其浅矣，泳之游之。"意思是说，在水深的地方，就划着木筏或小船渡过去；要是水比较浅，就浮着游着过去。

游泳技术高超的人，能做出常人无法为之的奇绝之事，如《六韬·奇兵篇》就把游泳称为"奇技"："奇技者，所以越深水、渡江河也；强弩长兵者，所以逾水战也。"

历史中不乏著名的水战，胜利者大概就是因为拥有这些身怀"奇技"的士兵。

《晋书》说勇士周处"投水搏蛟，蛟或沉或浮，行数十里，而处与之俱，经三日三夜，人谓死，皆相庆贺，处果杀蛟而反"。出神入化的游泳技巧成了周处最重要的技能。

有些游泳技术好的人，还会主动挑战自然水域。

如浙江钱塘江大潮闻名天下，大潮场面壮观，潮势惊人，常常是"际天而来"，"吞天沃日"，而一些敢于冒险的人则会"披发文身，手持十幅大彩旗，争先鼓勇，溯迎而上，出没于鲸波万仞中，腾身百变，而旗尾略不沾湿"。（宋周密《武林旧事》卷三）这些"弄潮儿"的技艺之高，着实令人惊叹。

今浙江等地还会定期举行游泳弄潮比赛，同时兼有水上项目的表演。

弄潮颇为危险，常闹出人命来。

北宋治平年间，知杭州府事蔡襄作《杭州戒弄潮文》，批评弄潮者只是为了矜夸而亡命，留下妻子痛哭，实在是不负责任，从而规定"军人百姓，辄敢弄潮，必行科罚"。

但官方的禁令一直难以阻止勇敢者，每年弄潮者还是不少，丧命事件也时有发生。

水秋千

古代还有一种很有趣的水上表演项目，叫"水秋千"：在大船上安置秋千，表演者荡至最高处时，从秋千跃入水中。

这种表演融合了秋千、跳水、游泳、杂技等要素，且在水面宽阔、水位较深的地方进行，场面宏大，过程惊险刺激，常会吸引很多人观看。

《东京梦华录》就记录了观看水秋千的场面："有两画船，上立秋千，船尾百戏人上竿，左右军院虞候监教，鼓笛相和。又一人上蹴秋千，将平架，筋斗掷身入水，谓之'水秋千'。"

水秋千大概是在北宋中后期出现的，在陆地秋千的基础上改进而成，在当时颇受欢迎。

宋王珪在《宫词》中写道："内人稀见水秋千，争擘珠帘帐殿前。"水秋千新颖独特，观赏后让人印象深刻。

朱翌《端午观竞渡曲江》曰："却忆金明三月天，春风引出大龙船。二十余年成一梦，梦中犹记水秋千。"二十多年前的往事，回想起来的只有水秋千，可见其魅力之独特。

古代还有"水戏"表演，大概是在水中表演的杂技，内容丰富多彩，让人眼花缭乱，叹为观止。

易恒在南宋苏汉臣所作的《水戏图》上题诗说："水戏新番小妓精，教坊初进未知名。立机倒运飞丸起，绝胜银盘弄化生。"

水战

宋太宗曾动用 3.5 万名士兵凿池，引金水河的水灌注其中，这就是著名的金明池。开凿金明池的一个重要目的就是演习水战。杨侃的《皇畿赋》曾这样描写：

图 4-11　张择端除了著名的《清明上河图》外，还绘制了《金明池争标图》，描绘的就是北宋汴京金明池中水戏争标的场景

图 4-12 元王振鹏描绘的宋徽宗崇宁年间，三月三日金明池龙舟竞渡场景

命楼船之将军，习昆明之水战，天子乃驻翠华，开广宴，凭栏槛于中流，噉渺茫于四面。俄而旗影霞乱，阵形星罗，万棹如风而倏去，千鼓似雷而忽过。则有官名伏飞，将号伏波，骧江中之龙，避船下之戈。黄头之郎既众，文身之卒且多。类虬龙而似蛟蜃，骇鲸鲵而走鼋鼍。势震动于山岳，声沸腾于江河。

场面十分壮观。

宋太宗专门谈到，在金明池进行水战，是盛世不忘武功之意，让军民能保持勇武进取之心："兵棹之技，南方之事也，今已平定，固不复用，但时习之，不忘武功耳。"（元马端临《文献通考》卷一百五十八）

龙舟竞渡

龙舟竞渡是另一种水上项目。据说是屈原投江之后,渔民们一齐出动划船救人,后来逐渐成为风俗。

龙舟竞渡是端午节除了吃粽子以外的必备活动。不论起源的真相如何,划船是人类的基本技能,人在熟练掌握某项技能之后,往往会将其推至竞技和表演的层面,龙舟竞渡就是划船活动的竞技化。

龙舟竞渡在江南尤其盛行。

江南地区水网密布,舟船乃是最重要的交通工具,"以船为车,以楫为马"(东汉袁康《越绝书》卷八)。《旧唐书》也说:"江南风俗,春中有竞渡之戏,方舟并进,以急趋疾进者为胜。"

春日龙舟竞渡,大概是古代乡间最为宏大和热闹的

图 4-13 明代龙舟竞渡

娱乐活动："看龙舟，看龙舟，两堤未斗水悠悠。一片笙歌催闹晚，忽然鼓棹起中流。""棹如飞，棹如飞，水中万鼓起潜螭。最是玉莲堂上好，跃来夺锦看吴儿。"（元黄公绍《端午竞渡棹歌十首》）

明清时期，官方也开始组织龙舟竞赛，端午节皇帝常常出来观看。

冰嬉

北方流行滑冰和滑雪等冰雪项目。

在冰雪上滑行的运动起源甚早，《隋书》记载，距今 1 400 多年前，东北地区就流行"骑木而行"。

所谓"木"，就是类似于今日雪橇的木板，人们脚踏木板，在冰雪中滑行，速度很快。这其实也是后来滑雪运动的雏形。

冰床游戏是冬天常见的娱乐方式，在北方广为流行。一到冬天，"沿河处处有冰床"（清得硕亭《草珠一串》）。

所谓"冰床"，就是把木板放在冰面上，一人在前面牵着绳子滑行，亦名"拖床"。"十月冰床遍九城，游人曳去一毛轻。风和日暖时端坐，疑在琉璃世界行。"（清杨静亭《都门杂咏》）

冰上的娱乐项目还有很多，比如也有人在冰上抛球嬉戏，热闹非常。清代竹枝词《燕台口号一百首》写道："河头冻合坐冰床，偷得舟行陆地方。更有抛球人夺彩，一双飞舄欲生芒。"

图 4-14　清代皇家冰嬉

中国古代的棋类游戏

中国的棋类游戏源远流长、种类繁多，下棋既是休闲、交友的极佳选择，又能启迪思维与智慧，同时也能把人带入超拔的境界，体味经国济世之理、人生进退之道，所以棋类游戏向来被中国人所喜爱，下至平民百姓，上至帝王将相，都热衷于此。

许多帝王精于棋艺，如宋太祖赵匡胤，据传"落魄时，曾游华山，与希夷老人（引者按：即陈抟）对弈象棋，太祖负于陈，遂于即帝位时罢免华山附近黎庶之征徭，以示不食前言"（*清吕留良《象棋话》引《华阴县志》*）。

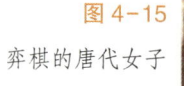

图 4-15
弈棋的唐代女子

图4-16　文士弈棋的理想环境

其他官员、文人、僧人、道士，以及平民百姓，精通对弈者也不少，以致出现了一些专门陪富家子弟下棋娱乐的"闲人"，这些人"知书、写字、抚琴、下棋及善音乐"（宋耐得翁《都城纪胜》）。

文人更是喜欢对弈，宋人赵师秀《约客》曰："黄梅时节家家雨，青草池塘处处蛙。有约不来过夜半，闲敲棋子落灯花。"看来下棋是文人很重要的娱乐方式。

传统的棋类游戏可分为两大类："一是包括围棋、象棋、弹棋在内的凭智力的棋艺，一是以六博、双陆为代表的伏机运的博戏。前者在于它的锻炼思维、陶冶情性的教育性，而后者则显示的是其贪求物欲、幸胜牟利的功利性。"（崔乐泉《体育史话》）

围棋

围棋据说起源很早，人们把围棋的发明权安放在尧身上：

"尧造围棋，以教子丹朱。"

也有人说是舜发明的："或云舜以子商均愚，故作围棋以教之。"（晋张华《博物志》）

这种假托或不可信，但至少表明围棋起源之久远，也表明围棋有极好的教育功能。

"丹朱""商均"均为"不肖子"，尧、舜以围棋教之，看来这是当时最好的教育手段了。但似乎教育的效果不大好，因为尧、舜的王位没有被儿子继承，而是分别禅让给了舜和禹。

问题可能还是在于这两个儿子过于"愚"，错不在围棋。

古人对游戏大多持否定的态度，游手好闲、玩物丧志、不务正业等词汇都是用来形容沉迷于游戏之人的。

先秦时对围棋就有不少批评。

孟子说"博弈好饮酒，不顾父母之养"（《孟子·离娄下》）是不孝之举，当然，"博"和"弈"还是不同的，博是六博，偏于赌博，确乎不该提倡，但博、弈经常合用，连带着对于围棋的评价似乎也不那么好了。

孔子也说："饱食终日，无所用心，难矣哉！不有博弈者乎？为之，犹贤乎已。"（《论语·阳货》）此话似褒实贬，有点在最坏之中找比较不坏的意思。

下棋有取舍、输赢，所以对弈能看出一个人的格局与修养，也能看出一个人的专注程度。《孟子·告子》就提到：

图 4-17 周文矩《重屏会棋图》，围棋与画中画成为其中的突出意象

　　弈秋，通国之善弈者也。使弈秋诲二人弈，其一人专心致志，惟弈秋之为听；一人虽听之，一心以为有鸿鹄将至，思援弓缴而射之。虽与之俱学，弗若之矣。为是其智弗若与？曰：非然也。

　　说的是两个人跟着弈秋学习棋艺，一人专注，一人学习时还想着去射大雁，所以后者不如前者学得好，这不是智力问题，而是专注度不够。

　　对弈如对战："三尺之局兮，为战斗场；陈聚士卒兮，两敌相当。"（汉马融《围棋赋》）中国人常把围棋与战争联系起来，从对弈中体悟用兵作战之道，这也是围棋给人们的教益之一。

当代经济学中的博弈论，分析对峙条件下的选择与判断，似乎也是把兵法、对弈原理融合后的现代应用。

象棋

象棋古代又称为象戏，起源甚早。

有关象棋起源的说法也有很多，据其"楚河汉界"的格局，至少可说是在汉代定型的。

象棋较之围棋，更加形象，雅俗共赏，普及性更广。

象棋的原理与兵法有关，两军对垒，斗智斗勇，既充满乐趣，又紧张刺激。

虽然有人认为这种小道是"不足道"的，但历代喜欢的人却非常多，象棋高手层出不穷，如清代的"江东八骏""河北三杰"，都是技压群雄的高手。

其他棋类活动

除了围棋、象棋外，还有双陆、六博、弹棋等棋类游戏。

六博是以掷采行棋，吃子决胜，因为博筹一般为六根，所以称为六博。有人认为象棋即是从六博演变而来的。

图 4-18 东汉彩绘六博木俑，甘肃武威出土

六博在春秋战国时期就十分流行，《史记·苏秦列传》中描写临淄的那段著名文字中，就说当地流行"斗鸡走狗，六博蹴鞠"。

六博是极好的娱乐游戏，掷采取决于偶然，心情也会随着局面而高低起伏，充满刺激。

李白大概是很喜欢六博游戏的，这与其放旷不羁的性格有关："有时六博快壮心，绕床三匝呼一掷。"（《猛虎行》）"连呼五白行六博，分曹赌酒酣驰辉。"（《梁园吟》）"六博争雄好彩来，金盘一掷万人开。"（《送外甥郑灌从军三首》之一）

六博后来常作为赌博的种类，参与者也多富家子弟。

六博和赌的结合，慢慢形成了"赌博"这一名词。六博也经

常被官方所禁止："民间恶习，无过于博戏。"（《钦定大清会典事例》卷九百三十九）

据说汉成帝非常喜欢蹴鞠，但群臣认为踢球太过劳累，不适合尊贵的龙体，刘向于是创造了弹棋让皇帝来玩："成帝好蹴鞠，群臣以蹴鞠为劳体，非至尊所宜。帝曰：'朕好之，可择似而不劳者奏之。'家君作弹棋以献，帝大悦，赐青羔裘、紫丝履，服以朝觐。"（《西京杂记》）

六博争雄好彩来：
赌博类游戏

中国社会中的赌博

赌博在民间非常流行，也是多被诟病的一种娱乐方式。

美国的农业经济学家卜凯在其对河北盐山县的调查报告中，曾有一部分涉及地主阶层的娱乐项目。在每年的娱乐中，家庭赌博14.9次，公共赌博29.8次，看戏5.8次，露天游玩14次，群体集会5次，饮酒12.1次。（《河北盐山县一百五十农家之经济及社会调查》）

虽然可以说，这样小范围的调查不能说明所有问题，但此数据还是很具有代表性的。在各种娱乐项目中，赌博（家庭赌博和公共赌博）是所有项目中参加次数最多的一类。

赌博游戏的类型很多，如关扑、六博、

图4-19

汉代错金银镶嵌铜骰子，河北满城汉墓出土。铜骰共十八面，工艺极为复杂，其中十六面标有数字，两面分别为"酒来"和"骄"。骰子表面用金丝、绿松石、红玛瑙镶嵌出纹饰

图 4-20　明宣宗又斗起了鹌鹑

麻将、掷骰子、叶子戏、赛马、走狗、斗鸡、斗蟋蟀、斗鹌鹑等。

赌博可以作为消闲遣兴之手段，普通百姓在家里也会赌博娱乐："京师谓除夕为三十晚上……黄昏之后，合家团坐以度岁。酒浆罗列，灯烛辉煌，妇女、儿童皆掷骰、斗叶以为乐。"（清富察敦崇《燕京岁时记》）

关扑

中国古代赌博风气很盛，就连很多皇帝都热衷于此。

据说宋仁宗喜欢关扑，常与宫人关扑，把身上的钱输得一干二净，还想继续玩，就向宫人借钱，但皇帝赌技不好，宫人们怕他只借不还，都不肯借给他，皇帝也非常无奈。（宋施德操《北窗炙輠录》）

民间好赌之徒更是不可计数，北宋时期出现了专门的赌场"柜坊"，"以博戏、关扑、结党手法骗钱"（宋周密《武林旧事》卷六）。

苏轼说河北定州"城中有开柜坊人百余户，明出牌榜，召军民赌博"（《乞降度牒修定州禁军营房状》）。一个定州城就有百余户开柜坊，可见赌博是非常流行了。

关扑是一种赌博类的游戏，商贩常以此吸引顾客，顾客如看中某种商品，可以直接购买，也可以花少量钱财参与关扑。

关扑所涉及的钱财不多，商品亦多非贵重之物，大多是日常用品。

关扑的方式多样，如用猜铜钱正反、掷骰子、抽签等形式来决定输赢，顾客若赢，则可直接拿走物品，如输了，损失亦不算大。

进行关扑的地点多样，有商贩走街串巷进行关扑，有店铺为吸引

图 4-21 苏汉臣《秋庭戏婴图》中的"人马转轮"玩具。"人马转轮"是当时的一种关扑工具

顾客坐地关扑，有在集市、闹市之中，也有在饭店、酒肆，乃至宫殿之中。西湖上，有专门用来赌博娱乐的"关扑船"。

有些场所之中的关扑，涉及的物品随参与者财力的丰厚和身份的豪贵而变得十分奢侈。

如有些豪华酒店为了迎合客人，"铺设珍玉、奇玩、匹帛、动使、茶酒、器物关扑"（宋孟元老《东京梦华录》卷七）。

北宋开封的金明池、琼林苑等这些皇家林苑中，竟然以车马、地宅、歌姬、舞女等为关扑对象，极尽豪奢。

关扑的参与者甚多，下至贩夫走卒，上至将相豪贵，都喜欢参与，女性也非常喜欢关扑。

《东京梦华录》中提到："向晚，贵家妇女纵赏关赌，入场观看，入市店饮宴，惯习成风，不相笑讶。"她们喜欢的物品自然也有所不同，主要是香囊、画扇、珠佩、鲜花之类。

关扑在宋代极为普通和平常，街上到处有人挑担关扑，如《今古奇观》中有一篇《赵县君乔送黄柑子》，即反映了这种现象。

该篇描写一位宣教郎，想勾引别家女子，此时关扑商贩经过，宣教郎心不在焉地关扑，接连输钱：

一日，正在门首坐地，呆呆的看着帘内。忽见个经纪，挑着一篮永嘉黄柑子过门，宣教叫住，问道："这柑子可要博的？"经纪道："小人正待要博两文钱使用，官人作成则个。"宣教接将头钱过来，往下就扑。那经纪蹭在柑子篮边，一头拾钱，一头数数。怎当得宣教一边扑，一心牵挂着帘内那人在里头看见，没心没想的抛下去，扑上两三个时辰，再扑不得一个浑成来。算一算，输了一万钱。……欲待再扑，恐怕扑不出来，又要贴钱；欲待住手，输得多了，又不甘伏。

这是生活中的普通场景，可以看出关扑的形式和普遍性，以及关扑中参与者的心理变化。

对赌博的禁止

赌博激发人的侥幸心理，赢者还想继续赢，输者不甘于失败，往往使人深陷其中不能自拔。而其中有许多欺骗手法，输者最后以至于倾家荡产，闹出人命的事例层出不穷。所以赌博向来为官家所禁止："四民之所不收，百害之所必至。始而赌博，终而盗贼；始而嬉戏，终而斗殴；始而和同，终而必争。败事丧家，皆由此始，固官司之所必禁也。"（明张四维辑《名公书判清明集》卷十四）

但关扑还有更多的游戏娱乐性质，且广为大众喜爱，故官方又会在一些节日放开禁赌令，如《东京梦华录》就谈到："十一月冬至，京师最重此节……官放关扑，庆贺往来，一如年节。"春节亦是如此："正月一日年节，开封府放关扑三日。士庶自早互相庆贺，坊巷以食物、动使、果实、柴炭之类，歌叫关扑。"

图 4-22 清末的番摊赌坊

　　赌博平时是受到禁止的行为，所以许多人在夜间偷偷进行，以躲开官府的管控。乾隆《续外冈志》卷二就说："近有无赖，率尚赌博，始犹宵聚晓散，今则沿街设局，名曰宝场。"

　　"宵聚晓散"是很严重的罪名，古代官府对夜晚有很严格的管理措施，以维持社会秩序的稳定。

　　民间对于赌博也是一直加以批评和抑制，如古人反复提醒说，亲戚朋友之间不可赌博，否则亲情和友情就难以为继了："博戏之交不日，饮食之交不月，势利之交不年，惟道义之交，可以终身。"（宋刘炎《迩言》卷六）

　　然而尽管有官方严厉的惩治措施，有民间道德的评判，赌博之风在中国社会中还是一直难以根除。

乐意相关禽对语：
古人生活中的宠物

古人喜欢宠物，上至皇家宫廷，下到平民百姓，这种风气都非常流行。

动物与人之间，原本只是实用或敌对的关系，但人与宠物之间更多的是情感关系，养宠物也成为人们怡情养性的休闲方式。养宠物行为本身，因此也富有了更多的文化和情感意味。

而沉迷于养宠物，人为"物"役，也常被批评是"堕落"的标志。就如许多著述在批评八旗纨绔子弟时，都会提到他们整天就知道提笼架鸟、斗鹰走狗。其实在明清时期，鸟与狗也都成了百姓喜欢且能养得起的宠物。

古代宠物大致可分为猫、狗、禽鸟、鱼等几大类，也有其他不常见的宠物，如虎、豹之类。

图 4-23　周昉《簪花仕女图》中的宠物

禽鸟

禽鸟讨人喜爱，活泼有趣，生机盎然。白鸽、鹦鹉、雀、鹤、鹰等，都是古人喜欢养的禽鸟。

古代帝王尤其有养鸟的条件，如最有文艺格调的皇帝宋徽宗在"艺文之暇，颇好驯养禽兽以供玩"（宋岳珂《桯史》卷十）。

图4-24 禽浴

宋高宗也喜欢养鸟："好养鸽，躬自放飞。"（《古杭杂记》）

养鸟的乐趣之一在于听其鸣叫，鸟能通过人的调教训练，发出复杂的声音。

据说明武宗喜欢画眉鸟，他听说以鹅脑喂养画眉，能令其声巧善鸣，就下令光禄寺每天供应300只乳鹅脑来喂画眉。这种劳民伤财的养法不是一般人能承受得起的。

张岱在《陶庵梦忆》中谈到其祖父母喜欢养鸟，共有舞鹤三对，白鹇一对，孔雀两对，吐绶鸡一只，白鹦鹉、鹩哥、绿鹦鹉十数架。

其中有一只叫"宁了"的异鸟，"身小如鸽，黑翎如八哥，能作人语，绝不含糊"。

当祖母叫使婢时，它就应声曰："某丫头，太太叫！"有客人至，则叫："太太，客来了，看茶。"

家里有一个新娘子嗜睡，此鸟黎明即叫："新娘子，天明了，起来罢！太太叫，快起来！"新娘子不起，就骂道："新娘子，臭淫妇，浪蹄子！"新娘子由此怀恨在心，用毒药将此鸟毒杀。

张岱怀疑宁了就是秦吉了，这种鸟又名鹩，主要产于云南南部、广西南部及海南岛等地，灵敏聪明，训练后能模仿人语及动物叫声。

鸽子也是较为常见的禽鸟。

宋人叶绍翁《四朝闻见录》说："东南之俗，以养鹁鸽为乐，群数十百，望之如锦。"

其实不只是东南，全国各地都养鸽子，古代还有信鸽，用以千里传信。一般的鸽子都是群养群放，场面壮观。

人们还把哨子挂在鸽子尾部，鸽子飞翔之时，哨子能发出各种不同的声音。《燕京岁时记》就记载："凡放鸽之时，必以竹哨缀于尾上，谓之壶卢，又谓之哨子。壶卢有大小之分，哨子有三联、五联、十三星、十一眼、双筒、截口、众星捧月之别。盘旋之际，响彻云霄，五音皆备，真可以悦耳陶情。"

北宋名士林逋隐居西湖孤山，不仕不娶，喜欢植梅养鹤，自称"以梅为妻，以鹤为子"，所以有"梅妻鹤子"之说：

林逋隐居杭州孤山，常畜两鹤，纵之则飞入云霄，盘旋久之，复入笼中。逋常泛小艇游西湖诸寺，有客至逋所居，则一童

子出应门，延客坐，为开笼纵鹤，良久，逋必棹小船而归，盖尝以鹤飞为验也。（宋沈括《梦溪笔谈》卷十）

养鱼和钓鱼

金鱼是家庭中常见的宠物。园林的湖溪之中，往往有金鱼点缀，室内也可用鱼缸蓄养。

养鱼之风始于北宋，理学家程颢说："养小鱼，欲观其自得意，皆是于活处看。"（宋罗大经《鹤林玉露》乙编卷三）看重的就是小鱼身上的生机与活力。

宋代最流行养的就是金鱼，民国时人胡怀琛在《金鱼谱》中考证说："金鲫鱼，宋以前未见于诗人咏吟，大抵宋后始盛。"

宋代也流行钓鱼，有些皇帝喜欢钓鱼，与侍臣同钓，侍臣虽先得鱼，但因为皇帝还未钓到鱼，就不敢举竿。

图 4-25 清虚谷所绘金鱼

动物斗戏

古代动物斗戏很多，如斗鸡、斗蟋蟀、斗鹌鹑、斗牛等。

斗鸡起源很早，《战国策·齐策》中谈到齐国的繁盛："临淄甚富而实，其民无不吹竽、鼓瑟、击筑、弹琴、斗鸡、走狗、六博、蹴鞠者。"

古代民间很喜欢斗鸡，斗鸡成为中国文化的一个重要组成部分。美国汉学家高德耀还专门写了一本名为《斗鸡与中国文化》

图 4-26 春院斗鸡

的书，详细梳理了斗鸡的形式、特点及其文化史意义。

斗蟋蟀在吴、越等地非常流行，早期人们只是通过斗蟋蟀来休闲，"金盆玉笼，聊寄闲情云尔"（清诸联《明斋小识》卷九）。算是一种闲人雅事。

《燕京岁时记》说："当秋令时，一文可买十余枚。至十月，则一枚可值数千文。盖其鸣时铿锵断续，声颤而长，冬夜听之，可悲可喜，真闲人之韵事也。"

但后来为势利之徒利用，逐渐成为赌斗的工具，"自以财帛角胜负，而网利之徒设阱以诱，则戏而为博也"（清诸联《明斋小识》卷九），由游戏而变为赌博了。

秋天斗蟋蟀时，聚集各色人等，慢慢形成了一个与常态社会不同的"隐遁的社会"。（牟利成《隐遁的社会：文化社会学视角下的中国斗蟋》）

清孙珮《苏州织造局志》记载："吴俗，每岁交秋，聚斗蟋蟀。光棍串同局役，择旷僻之所，搭厂排台，纠众合斗，名曰'秋兴'。无赖之徒及无知子弟，各怀银钱赌赛，设柜抽头。邻省别属，罔不辐辏，每日不下数千人，喧声震动闾闬。"

因为蟋蟀难得，有人专门捉蟋蟀拿去卖钱："秋七八月，游闲人提竹筒、过笼、铜丝罩，诣丛草处、缺墙颓屋处、砖壁土石堆磊处，侧听徐行，若有遗亡，迹声所缕发而穴斯得。"（明刘侗、于奕正《帝京景物略》卷三）

古代有些地方流行斗鹌鹑，一般在秋冬时节进行。

鹌鹑"又名'早秋',笼至次年,尤善斗,恒在把握间玩之"（清李声振《百戏竹枝词·斗鹌鹑》）。京城之中"膏粱子弟好斗鹌鹑,千金角胜。夏日则贮以雕笼,冬日则盛以锦囊,饲以玉栗（粟）,捧以纤手,夜以继日,毫不知倦"（清潘荣陛《帝京岁时纪胜》）。

中国古代亦有斗牛之风,如清代浙江一带尤为盛行,以金华最为有名:

金华人独喜斗牛……每逢春秋佳日,乡氓祈报祭赛之时,辄有斗牛之会。先期治觞延客,竭诚敬。比日至之时,国中千万人往矣。

斗牛之日,组织者会专门辟出场地,搭设台子,围观者簇拥而至,牛头簪花,红绸披身,锣鼓开道。

参与的牛数十头,两两相斗,最后决出胜负,场面有时血腥残酷:"苍黄抵触,血肉淋漓,奔逃横逸,溅泥满身,冲出堤塍,掀翻台凳,不可牵挽。于是老妇孺子暨粉白黛绿者,哗然争避。或失足田中,或倒身岸下,遗簪坠珥,衣服沾濡,头面污损,相将相扶而去。"（清陈其元《庸闲斋笔记》卷五）这场面简直可与西班牙斗牛节相比了。

也有主人不服气而相互争斗者,更是增加了场面的混乱。"金华近例,正月,乡人买健牛,各赴场相角,决胜负,至群殴,不能禁。"（清谈迁《北游录·纪闻下》）

宠物店

古代就有宠物店和专门驯养动物的机构，如在北宋开封最繁华的商业街潘楼，就有专门驯养鹰的"鹰店"。

大相国寺是"万姓交易"的地方，"大三门上皆是飞禽猫犬之类，珍禽奇兽，无所不有"（宋孟元老《东京梦华录》卷三）。

也有专门豢养动物的地方，类似今日的动物园，供人参观游玩。

北宋的玉津园，乃是皇家林苑，"诸国所贡师（狮）子、驯象、奇兽列于外苑，谕群臣就苑中游宴"（《玉海》引《祥符诸国奇兽》）。

调教动物的现象，在宋代被称作"教虫蚁"。

古代的宠物很多，除了猫、狗，还有鹦鹉、孔雀、白鹇、鹭鸶等。尤其是鹦鹉，因能模仿人言，给人增添了很多乐趣。

文人雅士还调教鹦鹉读诗："等候大家来院里，看教鹦鹉念新诗。""碧窗尽日教鹦鹉，念得君王数首诗。"（五代花蕊夫人《宫词》）

还有人调教动物用以表演赚钱，如直到近现代还在流行的耍猴、海哥（海豹）表演、斗鸡、驯象、耍蛇、斗蟋蟀。

图 4-27 古代的宠物狗

游逸：交通、旅行与游乐

人类的流动产生了旅行。

最初人们只是出于一定的原因而外出，但沿途的景色、风土人情等，也会让人有愉悦的感受，后来就逐渐出现专门为了休闲的旅游。

旅游作为一项纯粹休闲活动出现，与人对生活的态度有关。

休闲旅游让人摆脱了纯粹的实用劳动，进入到自由安闲的状态。

旅游中游山玩水现象的出现，取决于人们对待自然观念的变化。自然不再是恐怖、艰难的自然界，而是充满审美趣味的自然而然的所在。

同时，不同的交通方式，也影响着旅游的活动范围和体验效果。

春风得意马蹄疾：
古代的交通方式

古代的交通随朝代和地域而有所不同，但交通工具大致以畜力（驴、马、骡、牛、骆驼等）、人力（轿子、近代以后的人力车等）、水力（船等）为主。

南北方因地理条件与交通条件不同，交通工具也有所不同，大致是南船北车。

南方多水路，水网密布，出行以船为主；北方多旱路，出行多依赖车马。

畜力交通

古代广泛使用畜力交通工具，所用的牲畜包括牛、马、驴、骡、羊、大象、骆驼、鹿等。有时直接用来骑行，有时则用来拉车。

中国人使用牛的历史很久远，牛很早就用以引重致远，据说在商代就开始使用牛车。

　　牛车主要为普通大众所使用，但有时官员们也乘坐牛车，如汉初，经过多年战乱，马匹紧缺，"自天子不能具醇驷，而将相或乘牛车"，就连天子也不再乘坐马车，以示节俭，"躬修俭节，思安百姓"（《汉书·食货志》）。

　　在古代，商人的地位不高，不能乘坐马车，所以牛车就成了商人们主要的交通和运载工具。汉代有些大商人拥有成百上千辆的牛车。

　　与牛相比，马更为贵重。

　　交通工具与权力、地位、经济能力等多种因素有关，从商周时期开始，马车就成为王公贵族专门乘坐的交通工具。

图 5-1　骑牛出游，太平乐事

因为马车贵重，皇帝显贵们在死后往往会用马车来殉葬。

马车在古代诗文中常会作为威仪、奢华的代表，"四牡彭彭，八鸾锵锵"，"四牡骙骙，八鸾喈喈"（《诗经·大雅·烝民》），显示了场面的宏大壮观。

其中提到的"四牡"即四匹公马，乘坐四匹马拉的车，这在古代是极高的规格。俗语说："一言既出，驷马难追。"驷马就是四匹马拉的车子。

有实力者自养马匹，稍逊者可以租赁。

宋代出行租马的现象十分普遍："良孺以贫，不养马，每出，必赁之。"（宋魏泰《东轩笔录》卷九）租赁的价格也不太贵："寻常出街市干事，稍似路远倦行，逐坊巷桥市，自有假赁鞍马者，不过百钱。"（宋孟元老《东京梦华录》卷四）

史籍中有很多有关租赁的细节，比如单程和往返的价格不同："京师人多赁马出入。驭者先许其直，必问曰：'一去耶？却来耶？'苟乘以往来，则其价倍于一去也。"（宋魏泰《东轩笔录》卷九）

《吕氏春秋·古乐篇》说："商人服象，为虐于东夷。"是说商代人就驯化了大象，并用于对东夷的征服活动。这时对大象的使用，多是载重和骑乘。

《禹贡》中有豫州，河南省简称为豫，都说明古代中原地区大象很多，只是后来南迁，在战国末期，中原地区就已经很难见到大象了。（徐中舒《殷人服象及象之南迁》）

图 5-2 春日骑马郊游

人力交通

古代的人力交通工具以轿子为代表。

轿子是在宋代出现的，大概是由之前的肩舆、步辇等交通工具改制而成的。

北宋时期，乘轿之风兴起，尤其在宋室南渡之后，因为南方道路湿滑，不利于骑马或乘坐马车，轿子就更加流行了。

轿子轻便，一些车马不便行走或偏僻之处，都能使用轿子；轿子乘坐舒适，不像车马那样颠簸；轿子的形制不断改进，内部越来越宽敞明亮；乘坐轿子的成本较之其他工具相对较低：这些因素都促进了乘轿之风的流行。

虽说轿子使用普遍，但并非所有人都能任意乘坐。

至迟到明代，官方已经制定了完善的乘轿制度，其中尤其涉及乘轿者的等级身份、文武之别、下轿避道，以及优礼宠信等问题。

如明代规定官轿为四人抬的大轿，而民轿则只能是二人抬的小轿；又如明孝宗时规定，任武职的官员，不分老少，皆不许乘轿。

有时候皇帝为了体恤或奖赏下属，也会特许一些人乘轿："故事，百官出入皆乘马。建炎初，上以维扬砖滑，谓大臣曰：'君臣一体，朕不忍使群臣奔走危地，可特许乘轿。'"（宋李心传

《建炎以来朝野杂记》甲集卷三）

通过这些规定，官方强化了政治权威、社会秩序，以及群体文化身份。

明代后期，经济繁荣，许多商人在获利之后，往往通过捐官来提高自己的社会地位，一旦有了一个有名无实的官职，他们便乘轿招摇过市。

对于这种现象，有人就批评说："近开捐纳之例，于是纨绔之子，村市之夫，辇赀而往，归以搢绅自命，张盖乘舆，仆从如云，持大字刺，充斥衢巷，扬扬自得。"（清董含《三冈识略》卷十）

对于乘轿，很多人持否定看法，因为乘轿往往体现的是社会中炫富攀比、贪图享乐的风气，而且轿子使用的是人力，不合于人道。

朱熹说得很清楚："南渡以前，士大夫皆不甚用轿，如王荆公、伊川皆云'不以人代畜'。朝士皆乘马。或有老病，朝廷赐令乘轿，犹力辞后受。自南渡后至今，则无人不乘轿矣。"（《朱子语类·法制》）

新式交通

在中西交流开启之后，西方新式交通工具传入中国，同时，中国人也更新了一些传统的交通工具。

在这一过程中，传统的以畜力、人力、水力等为动力的交通工具，逐渐让位于以机械、蒸汽、电力等为动力的交通工具。

交通工具并不只是代步而已，其变化改变了人们的出行方式，扩展了活动范围，从而改变了人的生活方式。

清袁祖志《沪上竹枝词》说："松风丽水共评茶，行道迟迟路有车。"交通工具的便捷，对于人的休闲娱乐生活，亦有着巨大的影响。

外来的一些半机械式交通工具如西式马车、人力车等，较之传统交通工具方便快捷、平稳舒适，广受人们欢迎，在满足基本出行的需求之外，也成了身份和时髦的象征。

近代上海，追求新奇的青年或纨绔子弟，把乘坐马车逛街看作是炫耀式的休闲活动，有人将此称为"兜圈子"："兜圈子者，沪人乘坐马车，周行繁盛处所之谓也。初至沪者及青年之男女皆好之，招摇过市，借以自炫，曰出风头。"（清徐珂《清稗类钞》）

当时的静安寺路、福州路等，颇多此类招摇之举动，西式马车，美人拥绕，这样"飞车拥丽"的场面成为街头一景："华人于每日午后，往往争雇马车驰骋静安寺路中……间有挟妓同车，必绕道福州路二三次，以耀人目，招摇过市，以此为荣。"（胡祥翰《上海小志》卷三）

此中所提到的"挟妓同车"，是士商自古就有的狎癖，现代都市之中，又有了新的演绎方式。

这一举动似乎是沪游所必有的项目：

洋场大路，其平如掌。当夫风日清和，偕二三知己，沿黄浦滩，登品泉楼，见夫裙屐少年，或携仙眷，或挟歌姬，无不绣毂雕轮，络绎争飞而去。夜冷宵深，犹不肯整鞭而归，其乐可知矣。此马车也，亦游沪者必有之事也。（池志澄《沪游梦影》）

马车本为代步工具，到了中国反成了观光游览、炫奇耀富的手段："华人之坐马车者，大率无事之人居多，故马车若专为游观而发。"（《申报》1896 年 7 月 16 日）真是有趣的中国特色。

人力车是日本人的发明，1871 年引入上海，最早被称为"腕车"或"东洋车"。

人力车轻便舒适，行动灵活，价格较之马车和传统的轿子也便宜不少，遂大受欢迎，乘坐人力车也成为一时风尚。

图 5-3　与人力车夫讨价还价的外国海员（1949 年 4 月）

对外来新器物和新技术，守旧之人往往以怪异之物视之，蒸汽火车、汽车等，都遭遇过这样的排斥，就连简单的人力车，有些人也将其视为妖物。

天津街头仿制的人力车，"藻饰华丽……每行街上，游人驻足一观。年高有德之士，以妖叹之"（戴愚庵《沽水旧闻》）。

最让人震撼的交通工具当属火车。1865 年，英国人曾在北京铺设了一小段铁路，火车迅疾如飞，人们不明就里，引起很大恐慌，"京人诧为妖物"，后来官府饬令拆除，"群疑始息"。（清徐珂《清稗类钞》）

最早的载人火车于 1876 年出现在上海，自上海租界到江湾码头，总长近 10 公里。

火车开通之后，引起巨大轰动，试乘者、参观者如潮而至，当时各大报纸视之为新闻，报道很多。"坐车者尽带喜色，旁观者亦皆喝彩。"

火车站及火车道沿线，人头攒动，争相观看。那时携家人或友人乘坐火车，成了一种新时尚。"上海至吴淞新筑之火车铁路，为向来所未有，诚一大观也。车辆往返每日六次，而客车皆拥挤无空处。即城内终年几不出门外半步者，闻有此事亦必携家眷一游。"（《申报》1876 年 7 月 10 日）

在火车运行的第一年里，总共载客 16 余万人次，可见受欢迎程度之高。

因为火车的修建未获得官方许可，加上占地纠纷和交通事故

图 5-4 中国第一条营运铁路吴淞铁路（《伦敦新闻画报》）

等原因，后来不得不停运。《申报》上曾刊载时人的对话，从中可以看出火车已经对普通人的日常生活产生了极大的影响：

火车停行已数日矣，日昨与友数人同在茶楼品茗……询曰："君往吴淞，何以又能偷闲来此？"答曰："候潮退耳。若如数日前有火车时，余固可以去而复返矣。"语罢叹息久之。复有一人至隔座，人询问如前，答曰："风太大，船户不肯开行，须候风息始能开往耳。"又询曰："君有急事，何以不弃舟而车乎？"答曰："如此大风，尘眯人眼，车夫不能张目，安能推车？若尚有火车，何至行路如此艰难？"于是围坐同声叹息停止火车有损无益，并云从前未见火车，亦均不知火车好处，今已行有数月，往来淞沪者均称其便，一旦停歇，殊令人皆往来不便。（《申报》1877 年 10 月 26 日）

古代旅游文化

中国古代旅游的类型很丰富，如民间的游春踏青，文人的游学、雅游，官员的宦游，僧道的云游，君王的巡游，商人的游贾，侠士的游侠，闲人的游荡等。

相对而言，中国文化重乡土情怀，安土重迁，不愿轻易离乡远游。

德国哲学家黑格尔在《历史哲学》中认为文化有其地理基础，地理类型有三种——高地、平原和海洋，相应的，形成了游牧文明、农业文明和商业文明。

中国是典型的农业文明，其生存特点是高度依赖于农业和土地，土地难以搬迁，所以人们就依托于土地世世代代安居下来。

旅行对于古人来说，是十分不情愿的事，常被看作悲苦之事。古人一旦离乡，便开始表达思乡之情，所以中国文学中，思乡是重要主题之一。"世难那堪恨旅游，龙钟更是对穷秋。故园千里数行泪，邻杵一声终夜愁。"（唐贾岛《上谷旅夜》）旅途之中总是充满了愁绪。

旅游的道德性

古代旅游的内涵与现代有较大的差别，古代的旅游多出于实用性目的，而现代的旅游则强调纯粹的休闲娱乐功能。

明清时期追求逸乐的旅游颇为流行，但是在中国古人的观念之中，单纯的游乐是要受到批评的。

图5-5　明代宫廷巨作《出警入跸图》中《出警图》
　　　　局部，描绘的是皇帝谒陵、出巡的场面

图 5-6 康熙帝南巡至绍兴谒大禹陵

　　旅游要符合一定的道德性和规范性，古代有一些与旅游相关的词汇，如游荡、逸游、淫游、游冶、浪游、游燕、盘游等，都是包含着贬义意味的。（谢贵安、谢盛《中国旅游史》）

　　皇帝的巡游是野史、笔记之中常加以渲染的题材，这种极尽奢华的出游劳民伤财，常会受到大臣和百姓的批评。

　　清代大臣吴熊光最有名的事迹就是批评嘉庆皇帝的出巡。

　　乾隆帝六次出巡，风光无限，嘉庆帝想继承这一传统，有次东巡返回，吴熊光等人迎驾。

　　嘉庆帝说："道路风景甚佳！"吴熊光越次进言说："皇上此行，欲稽祖宗创业艰难之迹，为万世子孙法，风景何足言耶？"大概就是说，东巡自有追思先祖、昭告后人的意思，风景不是你此行的重点。

皇帝又说，我去过你老家苏州，"其风景诚无匹"，实在上佳。吴熊光却说："皇上所见，乃剪彩为花。苏州惟虎丘称名胜，实一坟堆之大者！城中河道逼仄，粪船拥挤，何足言风景？"

"坟堆""粪船"这些话实在是大煞风景，皇帝似乎有点不悦：如你所言，那么皇考乾隆为何要六下江南呢？

吴熊光回答说："皇上至孝，臣从前侍皇上谒太上皇帝，蒙谕'朕临御六十年，并无失德。惟六次南巡，劳民伤财，作无益，害有益。将来皇帝如南巡，而汝不阻止，必无以对朕'。"（《清史稿·吴熊光传》）

此话是否为乾隆帝所言，暂且不论，但吴熊光借此说出了大众对于皇帝们这种劳民伤财的旅游的批评态度。

文人的旅游

中国文人虽有"父母在，不远游"的一面，但也有"读万卷书，行万里路"的另一面。

荀子说："不登高山，不知天之高也；不临深溪，不知地之厚也。"这种文教与践行相结合的观念，也深深嵌在士大夫的生活哲学之中。

明末清初的文人张履祥谈到文人旅游时，认为有"三乐"：

"一者尽交其地所产贤人，一者多购其地所传典书，一者登览其地山川奇丽，与夫古人往迹。"（《杨园先生全集》卷四《寄倪寄生闽中》）

明清时期，文人的旅游之风尤盛，这种风气除受商业文化的影响，同时也是士大夫塑造文人品味的一种方式。

他们呼朋唤友，游山玩水，作诗唱和，远离俗世之尘嚣，在幽静的山水之中寄托雅致的情趣，以凸显文人的高雅文化身份。

与这一风气相关联的是，在明代中后期出现了大量的文人游记。

游记写作在明代中前期并不太多，但是在嘉靖时期逐渐增多，到万历时，更是大量出现。

文人旅游颇为讲究，携带游具很多。

图 5-7　明戴进《关山行旅图》，文人理想中的出游

很懂生活趣味的张岱就说："凡游以一人司会，备小船、坐毡、茶点、盏箸、香炉、薪米之属，每人携一篮、一壶、二小菜。游无定所，出无常期，客无限数。过六人则分坐二舟，有大量则自携多酿。"（《琅嬛文集》卷二）真是雅致又随性的趣味之旅。

从高濂《遵生八笺》、屠隆《游具雅编》及文震亨《长物志》等著作中可以看到，古人携带游具多样且复杂。

竟也有人在旅游时携带烟火助兴，明代的李日华就在日记中记载，他和朋友出游，携带歌伎和歌童，"游者鼓吹间作，丝肉杂陈，亦有以火花烟爆佐之者"（《味水轩日记》卷二）。

图 5-8　宋人春游晚归

古人出游所携带的物品中，还有地图。

元代李东有的《古杭杂记》就提到，杭州驿路边的白塔桥，有售卖地图的地方："驿路有白塔桥，印卖朝京里程图。士大夫往临安，必买以披阅。"

与友人同游，是文人们交游的一种方式。

袁宏道在吴县任知县时，曾写信邀请朋友共游太湖："近日游兴发不？茂苑主人（引者按：袁宏道自称）虽无钱可赠客子，然尚有酒可醉，茶可饮，太湖一勺水可游，洞庭一块石可登，不大落莫（寞）也。如何？"（《与丘长孺书》）

近代旅游

近代的旅游与古代的旅游有诸多不同。

交通的便捷使得旅游的范围扩大，纯粹以休闲为目的的旅游增多，专业的旅行社对于旅行路线进行了专业规划，在旅途之中也能提供专业的服务，宾馆为出行的人们提供干净舒适的休憩环境。

近代以来，新式的宾馆开始出现，如北京的六国饭店、华东饭店，天津的新亚饭店，上海的礼查饭店、和平饭店、国际饭店等。

这些宾馆多为西式建筑，高耸巍峨，窗明几净，设施先进，服务周到。如 1907 年有关上海旅馆的介绍文字这样说：

英租界三马路上海旅馆，系前祥发栈旧址改设。共七开间高大洋房三进，院落极大，房间极宽，是以光线甚明，空气甚足，最于卫生有益。院中恒植奇花异卉，令人入此室处，几忘身在客中，实为旅馆放一异彩。余如席帐被褥器用各物，悉仿西式，异常洁净。阅报室之罗列各种报纸，游戏室之备具风琴、手琴、围棋、象棋等物，令客消遣旅情。(《图画日报》第一册《上海旅馆》)

在古代，乘船游览、荡舟湖上，算是一种最为惬意的休闲娱乐方式。

明清旅游风气的兴盛，大概也与交通工具的进步有关，尤其在江南地区，舟船是最主要的交通工具。

《吴县志》中说："吴人好游，以有游地、有游具、有游伴也。"游具之中，船大概是最不可缺的。

江南地区著名的旅游胜地有苏州的虎丘山塘、南京的秦淮河、杭州的西湖和扬州的瘦西湖等，除此之外还有嘉兴的南湖、无锡的惠山河等，这些地方都与水有关。

江南各地水网遍布，生活娱乐多依靠船只。

游船的类型

游船的种类很多，清代厉鹗所作的《湖船录》，记述杭州西

图 5-9　清人画笔下繁盛的苏州船运

湖的各种游船类型达 90 多种。

　　明清时期，造船技术提高，游船的美观和舒适度也大幅提升："初有航船、游山船、座船、长路船，今为浪船、楼船，朱栏翠幕，净如精庐，游人往往召客张燕其中。"（崇祯《松江府志》卷七）

　　游船按照功能大致可以分为画舫（花船）、酒船、戏船、灯船、游山船、江山船等。

　　楼船是一种特别豪华的游船，较之一般的船只高大很多，"船上加楼，极彩绘之华"（叶广度《中国庭园记》），后来大概只要是高大华丽的游船都称为"楼船"，而不一定有数层之高，"湖舟具有楼名，而实无楼"。

　　但尽管或没有楼，但船上却都穷奢极欲，豪华之至："春水

图 5-10　东晋顾恺之《洛神赋图》中的楼船

登之，宛如天上坐也。"（明虞淳熙《浮梅槛诗序》）

明清时期船只的装备也大为改进，比如开始普遍采用玻璃，采光效果以及夜晚灯光映照之下的反光效果，都令人称奇："（苏州）虎丘山塘，七里莺花，一湖风月，士女游观，画船箫鼓。舟无大小，装饰精工，窗有夹层，间以玻璃，悬设彩灯，争奇竞巧，纷纶五色，新样不同。"（清顾禄《清嘉录》卷六）

而清代甘熙的《白下琐言》也提到南京"秦淮灯船昔人称之，今则纯用玻璃，四面始耀"。

在晚清民国时期，又出现了机器船，速度是之前的人力船所远远不及的，"驶行如飞，极乘风破浪之乐"（清范祖述著，洪如嵩补辑《杭俗遗风》），是一种全新的游览体验。

船只租赁

在游览胜地，游船的租赁也十分方便快捷，能满足人们多元的需求。

如清代南京出现一种名为"四不象"的新式游船，"出奇制胜，人争雇之，此亦厌故喜新之一端也"（清甘熙《白下琐言》）。

张岱在《陶庵梦忆》中提到，在苏州盛夏时节，船只租赁异常火爆，各类船只往往都是一租而空，远来的游客，就算是手持万贯，也是一艘小船也租不到。

船只租赁价格昂贵，在晚清时期的南京，秦淮河上的头等楼船租金约洋十元。

当然也有极为低等的小船，船舱中不点灯，被称为"摸黑"，租金大约洋七八角。

灯船

灯船最能体现都市繁华，桨声灯影，水火相映，人人盛装靓服，船只精心装置。

明代余怀的《板桥杂记》中"实录"了秦淮河灯船之盛况：

秦淮灯船之盛，天下所无，两岸河房，雕栏画槛，绮窗丝障，十里珠帘……薄暮须臾，灯船毕集，火龙蜿蜒，光耀天地。扬槌击鼓，蹋顿波心。自聚宝门水关至通济门水关，喧阗达旦，桃叶渡口，争渡者喧声不绝。

古代在一些重要节日取消宵禁，使得人们可以畅意游玩，晚上的游乐尤其能放松心情，良辰美景，声光迷乱，官方也有意松弛严苛的社会管控与道德约束，让人们享受赏心乐事，此情此景，也最能体现国家的升平气象。

游船上的服务

游船上提供的服务很多，有饮食、酒水、歌舞、戏曲。

在一些游览胜地，有酒船跟随穿梭在画舫中间，随时可以提供酒食，这类船常被称为"行庖""水宴"等。

有些船专门提供餐饮服务，船夫撑船，船娘做菜，"船娘多娇，不任舟楫事……船之大者置二筵，小者受五六客，而妙丽闻四方"（清袁景澜《吴郡岁华纪丽》卷三），游人可以登临上船，荡舟水上，边吃边观览风景，这类船被称为"火食船"。"凡有特客或他省之来吾郡者，必招游画舫以将敬……以小舟载仆辈于后，以备装烟问话。盘餐或从家庖治成，用朱红油盒子担至马头，伺

图 5-11 南宋夏圭笔下长江中的游船

船过送上；或择名馆，如便意、新顺之类代办，以取其便；又或佣雇外间庖人，载以七板儿两只，谓之'火食船'。"（清捧花生《画舫余谭》）

《扬州画舫录》中提到扬州用驳盐船改造成酒船，大船可以置办三桌酒席，称为"大三张"，小船称为"小三张"，其他的酒船名目繁多，如"丝瓜架""飞仙""江船""摇船""牛舌头""划子船""双飞燕""太平船""玻璃船"。

游船之中亦有情色服务。

明清时期，商人与士大夫携妓出游，似成风尚，在当时司空见惯。

　　此风气在苏州尤盛，所有游船之中，常会出现这些交际花的身影："吴中士夫画船游泛，携妓登山，虎丘尤甚，虽风雨无寂寥之日。"（隆庆《长洲县志》卷一）

　　有的游船会配有妓女，良辰令节，豪民富贾登船游玩，"柳阴深处，浮瓜沉李，赌酒征歌，赋客逍遥，名姝谈笑，雾縠冰纨，争妍斗艳"（清顾禄《清嘉录》卷六）。或者直接开设水上流动妓院，"于萍水中作鱼水欢"（清王韬《瀛壖杂志》卷五）。

　　除此之外，游船上还有歌舞、弈棋、游戏、说书、赌博、烟火等游乐项目。

　　清人袁景澜《吴郡岁华纪丽》这样描写：

　　游闲子弟争携画舫，载酒肴，招佳丽，呼朋引类……佳人雪藕，公子调冰，随意留连，作牙牌、叶格、马吊诸戏，谓之斗牌，或习清唱……或即凉亭水榭，招盲女琵琶，弹唱新声绮调。更有游士滑稽，演说稗官野史，杂以科诨，以资姍笑，谓之说书。

　　船上的世界，简直就是一场娱乐的嘉年华。

四

旅馆寒灯独不眠：
古代的宾馆

　　宾馆是为旅人提供途中休息的处所，是"行旅所止之屋"（章太炎《新方言·释宫》），尽管中国古人安土重迁，流动性不强，但有些被动性的旅行还是必不可少的。

　　明清以后，旅行成为新的风尚，旅店业也逐渐发达起来。

　　古代关于宾馆的称呼很多，比如：逆旅、传舍、行舍、庐、

图 5-12　江苏高邮盂城驿，始建于明洪武八年（1375），是现存规模最大、保存最完好的古代驿站

路室、候馆、蘧庐、寄寓、施舍、客馆、客舍、亭、郡邸、蛮夷馆、四夷馆、官檽、邸店、脚店、驿传、客次、客邸、客店、旅舍、旅邸、旅馆、旅店、宾馆、宾閤、宾墀、宾榻、寅宾馆、茅店、店舍、店房、店肆、歇店、下处、下宿、行栈、鸡毛店、饭店。

尽管各个称呼有一些差别，功能或各有侧重，但总体来说，都有临时住宿的功能。

古代的宾馆有几种性质：一是由国家修建的，主要用于公务的馆、驿、亭、传、郡邸等场所；二是寺院、道观等开设的山房、知客寮等，用于香客或其他旅人休息；三是商人行会设置的会馆、公所、公会等，主要用于商业活动中的休憩和休闲；四是基于盈利目的的商业客栈，如客舍、旅馆、车马大店、鸡毛小店，这种宾馆和现在的多数宾馆性质一致；五是主要提供色情服务的妓馆、老举寨等。

古代政府建立了四通八达的交通体系，道路上按照距离设置驿站，用于补给和休息。

《周礼·地官》中就说："凡国野之道，十里有庐，庐有饮食；三十里有宿，宿有路室，路室有委；五十里有市，市有候馆，候馆有积。凡委积之事，巡而比之，以时颁之。"

"十里有庐""三十里有宿""五十里有市"，其中庐、路室、候馆，都是供休息的旅馆，但有大小和档次的不同，提供的服务也不一样。

图 5-13　清代驿站

出于政治、经济和文化的原因，各朝代对外交流活动中，有不少来华的外族和外国人，他们居住的地方，有专门的蛮夷邸、四夷馆等。

除了公务人员，流动性最大的就是商人了。

古代的商人有开店经商和流动经商两类，由于成本和利润等原因，似乎流动性的商人更多。

这些客商在外出经商过程中，一般会按照一些固定路线流动，需要旅店作为栖身之所，投宿也多会选择固定的宾馆。但也有少量商贩会住在牙行，或友人家、空庙等地方。

在商业发达的时期，商人增多，旅店业也就更加繁荣。《史记·货殖列传》说："汉兴，海内为一，开关梁，弛山泽之禁，是以富商大贾周流天下，交易之物莫不通，得其所欲。"

在这样的背景下，旅店业十分兴盛，官方和民间的旅店都很多。

官方也特别重视旅馆这样的基础设施，以为商业的活动确立基础，就像曹操所说："逆旅整设，以通贾商。"（《步出夏门行》）

明清以后，随着经济的繁荣、交通的便捷，以及人们休闲观念的变化，基于休闲观光目的的娱乐性旅游兴盛起来，由此也带来了私人经营性旅馆业的发达。

江南地区如南京秦淮河、苏州虎丘山塘、杭州西湖、扬州瘦西湖，都是著名的旅游目的地，这些城市中的旅馆也非常之多。

清末徐寿卿撰写的《金陵杂志》中，有一部分为"客栈志"，列出了南京的一些主要客栈，如大观楼、同益公、第一楼、萧家客栈、大方栈、大通栈、鼎升栈、三益公、三元栈、中和栈、魁元栈、庆升栈、福来栈、泰安栈、聚贤栈、庆贤栈、集贤栈、宜宾栈、中西旅馆、新丰栈、近淮宾馆、长发栈、福安栈、万悦栈、老连升栈、商务旅馆、名利栈、新新旅馆、荣升栈、大观楼、宁中旅馆、万安栈、临淮旅馆、来宾栈、斌贤栈、新连升栈、富贵栈。

当时宾馆里客人很多，有些宾馆在节假日更是一房难求，如有人提到杭州西湖边宾馆林立，"清明时节排日无虚"（清丁立中《武林新市肆吟》）。

晚清以后，以上海为代表的一批城市迅速崛起，经济实力的增强，近代西方科技、物质文化和生活方式的传入，使得这些城市中的宾馆也迅速繁荣起来，也给中国人带了全新的休闲体验。

古代宾馆的条件不一，有些宾馆如官府或富家之宅，十分奢华舒适。

苏东坡住了一次位于陕西扶风有名的"凤鸣驿"后，写了一篇《凤鸣驿记》，里面写道："视客之所居，与其凡所资用，如官府，如庙观，如数世富人之宅，四方之至者，如归其家，皆乐而忘去。将去，既驾，虽马亦顾其皂而嘶。"

这段文字虽没有直接描写旅馆的奢华，但通过间接描写，还是能令人感受到其中的豪华舒适、服务周到，人住在其中，如同回到自己的家一般，忘记离开，就连马离开时，都要回望马槽嘶鸣。

古代虽有豪华的宾馆，但普通人只能暂居简陋的鸡毛小店，这样的条件下，更易引发旅人的愁苦之思。

如清代文人蒋士铨所作的《鸡毛房》："黄昏万语乞三钱，鸡毛房中买一眠。牛宫豕栅略相似，禾秆黍秸谁与致？"形容这个小旅店就如同牛棚猪圈一般，只能用禾秆黍秸铺垫来取暖。

除了条件艰苦，安全性也是一大问题，一些文学影视作品中，常会出现"黑店"，住宿之人中，多有坏人出没，就像阮籍《亢父赋》所说："逆旅行舍，奸盗所藏。"

旅店的服务是很丰富的，最基本的服务是提供行人的饮食、休息场所，以及为作为交通工具的驴马备足草料，提供租赁驴马服务等。《通典》说："东至宋汴，西至岐州，夹路列店肆待客，酒馔丰溢。每店皆有驴赁客乘，倏忽数十里，谓之驿驴。"

还有更为周到的服务，如提供"烧脚汤"，即热的洗脚水。行旅之中，人困脚乏，休息之前，能有一盆热的洗脚水泡脚解乏，确实为一大享受。

《水浒传》第五十七回写道："酒保一面煮肉打饼，一面烧脚汤，与呼延灼洗了脚。"这一场景是很多古代小说中常见的。

更为高级一些的旅店，还可以提供歌舞、戏曲、游戏等活动，旅客可以把酒言欢，纵情享乐，暂时忘记游历之苦。如岑参的诗：

> 客舍梨花繁，深花隐鸣鸠。
>
> 南邻新酒熟，有女弹箜篌。
>
> 醉后或狂歌，酒醒满离忧。
>
> 主人不相识，此地难淹留。
>
> （《冀州客舍酒酣贻王绮寄题南楼》）

图5-14　旅人与客舍

　　旅店在古代的诗文中，是描绘行旅艰苦和思念故土的重要意象空间。

　　温庭筠《商山早行》："晨起动征铎，客行悲故乡。鸡声茅店月，人迹板桥霜。"旅客一大早就要远行，旅行之苦让人思念家乡，"鸡声茅店月"从此成了奔波之苦的代名词。

　　高适《除夜作》："旅馆寒灯独不眠，客心何事转凄然？故乡今夜思千里，霜鬓明朝又一年。"除夕之夜，诗人在旅馆的寒灯之下，难以入眠，思念乡土，喟叹光阴。

近现代以来西方现代化设备的传入，更是提升了宾馆的入住体验。

如宾馆配备了电梯，清末民初的文人丁立中在《武林新市肆吟》中就提到杭州的宾馆："扶摇直上驾飞梯，南宋花团屋顶移。堕珥遗簪灯月夜，迷楼忙煞冶游儿。"

诗下注解说："城站旅馆上有楼外楼，罗陈百戏，游人目迷五色，乐而忘返，有电梯便升降。"这对于中国人来说，确实是全新的体验。

身份：文人、女性与儿童

不同的社会阶层和群体，有着不同的休闲生活与审美文化，就像德国哲学家西美尔在研究时尚现象时所言，"时尚总是阶级时尚"，"在社会学的关系中，时尚是一种阶层划分的产物"（《时尚心理的社会学研究》，见〔德〕西美尔著，顾仁明译《金钱 性别 现代生活风格》）。

不同的阶层与群体有着不同的经济、文化、习俗、环境等背景，正如法国社会学家布尔迪厄在《区分》一书中指出的，正是这些阶层的要素塑造了我们的趣味。

一个社会阶层和群体往往会通过强调某些物品或行为方式，来强化自己的群体属性与文化身份，有学者指出："'品味'并非在于自己喜欢什么东西，而在于用怎样的方式表达怎样的意见，以使自己与众不同。"（〔法〕奥利维耶·阿苏利著，黄琰译《审美资本主义：品味的工业化》）

下文涉及文人、女性和儿童三种人群，他们有着不同的休闲生活和追求。

文人的生活世界

古人把生活动态与情态分为"三十六着"。

"着法"是象棋的术语，是指下棋的走法，这里所谓的"着"大概是说三十六种方式，明代人说：

> 三十六着者，走居其一，以后依次为吃、喝、睡、坐、立、拾、笑、哭、骂、击、蹴、弹、吹、唱、仰、俯、偃、撇、见、问、闲、寻、携、贪、痴、哀、乐、恶、欲、窥、察、取、爱。（《无怒轩》）

清人余洪年的《舟中札记》把这"三十六着"具体化了，他说：

> 三十六着者，犹言三十六种行事也。列举如下：远足、弹

琴、读书、垂钓、赏月、看花、饮酒、吟诗、会友、策马、乘车、游山、玩水、闲谈、独唱、击筑、拍板、临池、绘画、听曲、围棋、餐英、品茗、泛舟、捕鸟、捶鼓、踏青、游园、省亲、夜宴、玩玉、投壶、猜谜、讴歌、观灯、习武。

这是因为"走"排在最前面，所以俗语在表达回避的意思时，常说"走乃为上着"。

这三十六种生活方式之中，大多为休闲活动，是非常雅致的，士大夫们似乎涉及得最多。

古代儒者强调"一物不知，儒者之耻"。

儒家重视六艺：礼、乐、射、御、书、数。其中包含的内容很多，有文有武。

古代文人多兼善琴棋书画，兴趣广泛，较之今日"四体不勤，五谷不分"的知识分子来说，艺术修养和实用技能，大概都是高出一筹的。因此，古代文人的休闲娱乐方式也更加多元。

表面上看，现代人娱乐方式增多了，但多依赖于外在的技术和工具，而非凭借自身的才华和技艺。

关汉卿在《一枝花·不伏老》中半是自嘲半是自夸地说："我玩的是梁园月，饮的是东京酒，赏的洛阳花，攀的是章台柳。我也会围棋、会蹴鞠、会打围、会插科、会歌舞、会吹弹、会咽作、会吟诗、会双陆。"擅长的休闲项目真是不少，让现代人自愧不如。

文人的交游

传统中国是典型的人情社会，中国人十分注重人际交往。中国社会以血缘宗族关系为联系的基础，亲缘关系在人际关系中最为重要。

但是亲缘关系是"给定的"，而非"选择的"，亲缘关系只表明血缘上的联系，却不表示志趣上的一致。所以可选择的朋友，就成了亲缘关系之外最受到重视的一种人际关系，从交友中很能看出一个人的兴趣和追求。

晚明来华的耶稣会传教士利玛窦，就看到了这一点，专门写了一本书《交友论》，以拉近与中国文人的关系。

在科举兴起之前，多是通过察举的方式推举任用道德高尚之人，所以一个人能取得乡里赞誉、宗党好评，是步入仕途的重要前提。

魏晋时期士人十分重视结交贤士，社会中也盛行人物品评的风气。一旦有了广泛的朋友圈子，就会为自己营造出一个良好的舆论环境，如《陈书》说王冲"晓音乐，习歌舞，善与人交，贵游之中，声名籍甚"。

也有些人以交友结党作为上升的捷径，三国时期的董昭就说："窃见当今年少，不复以学问为本，专更以交游为业。"（《三国志》卷十四）

图 6-1 苏武与李陵，虽非文人，却是文人眼中友情的典范

功利性的交游"如携手过市，见利即解携而去"（五代孙光宪《北梦琐言》卷六）。

文人交友，尤重德性与志趣，"惟德是依，因心而友"（宋范仲淹《淡交若水赋》）。

苏轼也强调交友要"守道而忘势，行义而忘利，修德而忘名"（《文与可字说》）。

西方的贵族和知识分子有沙龙，这是文人间较为固定的社交圈子。中国古代士大夫喜欢结社，大略类似于沙龙所形成的交际网络。

文人结社起源甚早，在明末清初最为流行。谢国桢说："结社这一件事在明末已成风气，文有文社，诗有诗社，普遍了江、浙、福建、广东、江西、山东、河北各省，风行了百数十年。大江南北，结社的风气犹如春潮怒上，应运勃兴。那时候不但读书人们要立社，就是仕女们也要结起诗酒文社，提倡风雅，从事吟咏。"（《明清之际党社运动考》）

著名的结社有东林党、复社、几社等。

结社虽是从思想和艺术上的志趣出发，但逐渐与政治发生了关联。但就兴趣上说，一个社团内部，大多数人志同道合，能相互鼓励与促进。

结社本身也是寻求群体文化身份认同的一种方式，而结社形成的关系网络，也会产生出社会影响力，发挥一定的社会与历史作用。

交游的方式有多种，吟诗对弈、品茗饮酒、结伴出游、清谈聊天等，都极为常见。

交友之道，以坦诚为要。魏晋时期追求摆脱拘束，率性而为，魏晋名士，个个放浪形骸，不拘俗礼，朋友之间，坦荡相对。葛洪在《抱朴子》中说：

（朋友见面）蓬发乱鬓，横挟不带，或亵衣以接人，或裸袒而箕踞。朋友之集，类味之游，莫切切进德，闾阎修业，攻过弼违，讲道精义。其相见也，不复叙离阔，问安否。宾则入门而呼奴，主则望客而唤狗。其或不尔，不成亲至，而弃之不与为党。及好会，则狐蹲牛饮，争食竞割，掣拨淼撎，无复廉耻。以同此者为泰，以不尔者为劣。终日无及义之言，彻夜无

图6-2 宋范宽《携琴访友图》，文人之间
的友情一定要以自然山水为衬托

箴规之益。诬引老庄，贵于率任，大行不顾细礼，至人不拘检括，啸傲纵逸，谓之体道。

实在是魏晋名士的一幅鲜活写真。

中国文人重视朋友之间的交往，宋吴芾的《又和金克家送春》诗写道："春来纵使日衔杯，老去逢春能几回。幸有良朋同雅集，不妨烂醉罄余罍。羞看落絮愁盈抱，强对残花泪满腮。惆怅又为经岁别，莫辞花下少徘徊。"

"幸有良朋同雅集"，有几位知己一起感伤饮酒，醉卧花间，幸甚至哉！

古代女性的生活世界，虽说没有现代女性那般多彩，但也还算是非常丰富的。

明清时期大概是女性受礼制限制比较严苛的时代，但这一时期，江南经济发达，商业和文化繁荣，也给了女性较大的自由空间，并非全是暗色。

女性的休闲生活以出游最为多彩。

平日不出闺门的她们可以趁机一扫幽闭的沉闷，出游的女性也成为其他游人眼中的妙丽风景。杜甫的名作《丽人行》就写道："三月三日天气新，长安水边多丽人。态浓意远淑且真，肌理细腻骨肉匀。绣罗衣裳照暮春，蹙金孔雀银麒麟。头上何所有？翠微匎叶垂鬓唇。背后何所见？珠压腰衱稳称身……"

女性的出游大概以节日出游、参加宗教活动的出游和平日出游为主。

节日的出游

不同于男性行动上的自由，女性出门总要有个理由，于是节日就成了出游的借口。

在立春、元宵节、花朝节、清明节、端午节、七夕节、中秋节等节日里，女性明装靓服，外出游玩，"士女纵欢，阗塞市街"（明田汝成《西湖游览志余》卷二十）。平日男女授受不亲的状况得以松弛，男女杂游，热闹非凡。

元宵节几乎就是中国人的狂欢节，这一夜女性得以自由游玩，以致有官员上奏皇帝，"近年以来正月上元日，军民妇女出游街巷，自夜达旦，男女混淆"，希望官方能"痛加禁约，以正风俗"（《明孝宗实录》卷一百四十三），从反面可以看出女性在节日中的出行自由。

女性还有一个特殊的出行理由，那就是"走百病"，尤其是在元宵夜，女性结群而出，过桥、拜庙，以求消除百病。这是在全国都流行的一种风俗。

除了表面上的巫术的形式，"走百病"也慢慢成了一种民俗，女性在此日精心打扮，"靓妆炫服，结队遨游郊外"（《房县志》卷十一）。

日常严格的道德约束这时候松弛下来，平时劳作的艰苦此时化作游戏的喜悦，尤其是男女在此场合中拉近了距离，"街中男妇成群逐队，至二更，巨室大家宅眷出游，僮仆执灯，侍婢妾媵冉冉追随。徘徊星月之下，盘桓灯辉之中，低言悄语，嬉笑嘤嘤，闪闪烁烁，游走百病，相将过桥，俗云过桥不腰疼。如此三夜，金吾不禁，任意游乐"（《如梦录》）。

元宵夜还有"偷青"习俗：这个夜晚，女性可以去别人园子偷摘生菜，用以求子。

类似的中秋夜也有"摸秋"的习俗，就是去别人园子偷瓜，表示可以生男孩。"俗有'摸秋'之戏，入人家蔬圃摘瓜抱归，鼓乐送亲友家，或暗伏置帐幔中，以为宜男之兆。"（《房县志》卷十一）

这种节日中的狂欢，是许多文化和民族都有的现象，因其打破了日常的秩序，使得日常被压制的情绪和情感得以抒发，官员们也乐意看到这种适度的狂欢给予普通人的精神疏导作用。

其实，女性"走百病"，一游而百病除，只是"女游诡词耳"（《临晋县志》卷四），官方也不直接说破，彼此心照不宣罢了。

女性想进入平时不能进入的场合，节日就是很好的借口。

图6-3 瑶台步月

司马光在洛阳闲居时，夫人在元宵节晚上要出去看灯，司马光问道："家中点灯，何必出看？"夫人见其木讷，就直说了："兼欲看游人"。但司马光却反问夫人：看人，在家不是也可以看吗？难道我是鬼吗？（宋吕本中《轩渠录》）

学富五车的司马光若非故意如此，那就实在是迟钝得可以。

平日的出游

在社会环境不是太苛酷的时候，女性也会在平日出游。

葛洪在《抱朴子》中曾经批评女性不安守家庭，反而招摇过市，有碍风化。但从他的批评中，反而可以看出当时女性行动的自由度很高：

今俗妇女，休其蚕织之业，废其玄纴之务，不绩其麻，市也婆娑。舍中馈之事，修周旋之好，更相从诣，之适亲戚，承星举火，不已于行，多将侍从，晻暧盈路，婢使吏卒，错杂如市，寻道褒谲，可憎可恶。或宿于他门，或冒夜而反，游戏佛寺，观视渔畋，登高临水，出境庆吊，开车褰帏，周章城邑，杯觞路酌，弦歌行奏。转相高尚，习非成俗。

女性出游，常是盛装靓服，"妇女之往祈祷者，华妆炫服，照耀波间"（《龙山乡志》）。

然而人多拥挤，头饰常会遗落，史籍中提到，游人散去之后，地上掉落的首饰不少，遗钿遍地，竟有打扫园林的园丁，因拾捡这些首饰而致富。《吴郡岁华纪丽》说："日晚人散，蔗滓果核，拥积碍履，遗钿堕珥，园丁拾归，产致中人。"致富的手段实在有些匪夷所思。

此说虽或有些夸张，但大体还是符合实情的，因为当时竟有富人欲把女儿嫁给看管园子的园丁，肯定就是看中这些园丁收入颇丰，园丁在当时算是令人羡慕的职业了。

宗教活动的出游

女性因宗教活动而外出的情况更为普遍。

在信仰宗教的人群中，女性占据的比例更高，就如学者研究所表明的那样，女性比男性更有信仰宗教的潜质。

女性参与宗教活动的形式体现在或在家吃斋念佛、祭祀烧香，或去寺庙求签、还愿等。

女性去寺院烧香拜佛，除了宗教的目的之外，也能趁机外出游玩，"乡间善男信女……邀集伴侣，醵金结社，朝山烧香，以为娱乐"（《获嘉县志》卷九），这样的活动，"一为积福，一为看景逍遥"（《醒世姻缘传》第六十八回）。

古代文艺作品中男女间的许多情事，都是因寺庙的邂逅而起。

下层女性参加宗教活动相对更加自由，而大户人家的女性则限制较多，有关宗教活动或仪式，往往会请尼姑、道婆之类的宗教人士到家里来，"三姑六婆"这些职业也应运而生。

"三姑六婆"的工作多与宗教、医疗和社会交往有关，大户人家的太太小姐，不能轻易出门，很多事就通过这些中间人来操办。

这种风气起自唐宋，至明清时期非常流行。《红楼梦》中的马道婆，就是游走于大户人家的巫婆，通过巫术活动来骗取钱财。

陶宗仪的《辍耕录》就提醒说，"三姑六婆"的危害，"盖与三刑六害同也。人家有一于此，而不致奸盗者，几希矣。盖能谨而远之，如避蛇蝎，庶乎净宅之法"。

女性的文化生活

在古代女性的生活中，文化方面的休闲活动有很多，尤其是在明清时期，随着教育普及化程度的提高，社会中识字群体扩

图 6-4　唐代宫廷女性宴席上摆弄乐器

大，其中就包括许多女性。

男性读书以求取功名为尚，女性因为不能参加科举，读书就少了一些功利性，多是为了文化的修养（或装饰）或纯粹的消遣。

能接受教育的女性，多出自衣食无忧的大户人家，她们较之一般人家的女性，也有较多的闲暇时间。

女性的文化休闲活动主要包括写作、阅读、参与文艺活动等。

图6-5 清人绘春闺倦读

女性很早就有文学作品流传下来，而明清之后，女性作家群体急剧扩大。

胡文楷《历代妇女著作考》统计的女性作家有4 000多人，其中汉魏六朝33名，唐朝22名，宋代46名，元代16名，明代245名，清代3 682名。

从另外一些资料中，我们也可以看出女性作品的丰富。

如施淑仪的《清代闺阁诗人征略》、单士釐的《清闺秀艺文略》、童振藻等的《清代名媛诗录》，以及近年整理出版的

《清代闺阁诗集萃编》《江南女性别集》，收录了大量的女性文学作品。

女性因受到传统道德观念的约束，交往的范围与活动的空间都受到严格的限制，尤其是爱情和婚姻方面。

这种压抑的生活给女性带来了极大的心理压力，所以在女性的文学作品中，反映心情落寞、精神苦寂的主题特别多。

民国时期著名的社会学家潘光旦曾专门分析过古代女性文学作品中的常见主题，这些作品整体的基调是十分消极的。他分类整理了清代女性词作中的关键词：

（一）刺激：空、虚、天涯、深院；更深、宵、暝、夜、晚、莫（暮）、黄昏；凉、冷、寒；落日、斜曛、斜晖、夕阳、斜阳；花谢、落花、落叶、飞絮、游丝；梦、梦魂、影、痕；烟、灰、烬；难、结、塞；终、尽、绝、罢、歇；残、破、断、乱、剩、余、零、碎、坠、落；消、销、淡、澹、褪、减；凄清、凄切、凄凉、萧条、寥、寂、岑寂、寂寞；

（二）有机状态：慵、懒、困、倦；奈何、无计、无奈、无力、软、弱、不禁、不胜、难禁、禁得、不堪、何堪、那堪、可堪、无赖、无聊；瘦、小、病、憔悴、恹恹；

（三）情绪状态：愁；可怜、惜；恼、嫌、憎；厌、怨、恨；怯怯、怕；销魂、断肠、肠断、别情、离绪、痛、伤；

（四）反动与行为：泣、哭、啼、潸潸、唉、咽、蹙、颦；偎、

俯、垂、无言、不语；去、抛撇、抛、飘零、漂泊；锁门、掩门、闭门；掩闺、掩窗；掩屏、闭帘拢。(《女子作品与精神郁结》)

这些偏于伤感、苦闷、压抑的心理描写，虽不是女性生活的全部，但也能看出女性在现实生活中的真实处境。

女性写作的重要意义，不仅是一种休闲的方式，同时也是一种用以纾解内心忧闷情绪的方式。她们通过写作，表达了内在心理与真实的情感。通过这些作品，我们也能更为真实地了解女性的生存状态。

另外，古代对女性的描写，多是通过《列女传》之类的著作来呈现。

蒙元时代开始为表彰节妇建立贞节牌坊，凸显孝女节妇形象的记述在明清时期更是常见，女性个体的写作打破了这种虚假的形象。

明代自初期便重视教育，广立学校，"盖无地而不设之学，无人而不纳之教"(《明史·选举一》)。

教育的普及，使受教育人数大增，社会的识字率也大为提高。

女性虽然不能参加科举考试，但这种重视教育的风气对女性也有很大的影响，江南大户人家设立私塾，专门教授自家女弟子。

她们识字之后，不像男性那样一心只读圣贤书，往往会依兴趣阅读，阅读成了这些女性重要的休闲方式。叶盛《水东日记》说："今书坊相传射利之徒伪为小说杂书……农工商贩，钞写绘画，家畜而人有之，痴騃女妇，尤所酷好。"

中西方的小说史研究注意到了女性读者对于小说文类兴起的促进作用，因为女性读书不以经世实用为目的，最佳的消遣便是阅读小说了。

明清之际的朱一是在《蔬果争奇跋》中记载女性出行时，手不离书，"佳人出游，手捧绣像，于舟车中如拱璧"，可见当时女性阅读风气之盛。

以明清时期在女性读者中引起极大阅读热潮的汤显祖《牡丹亭》为例，《牡丹亭》抒发了"生者可以死，死可以生"的"至情"思想，对爱情、婚姻不自由的女性来说，具有极大的吸引力。

在现实中不能实现的对于爱情的追求，可以通过杜丽娘这个作品中的人物来实现。女性读者沉浸其中，废寝忘食、通宵达旦地阅读，一些疯狂的女性读者对汤显祖以身相许，更有深陷其中不能自拔的读者竟至最终殒命。

晚明才女冯小青酷爱阅读《牡丹亭》，写下了著名的诗句："冷雨幽窗不可听，挑灯闲看《牡丹亭》。人间亦有痴于我，岂独伤心是小青？"

汤显祖对这些女性读者的感受也十分重视，娄江一位女性读者酷爱阅读《牡丹亭》，后来郁郁而殁，她死后，汤显祖专门为

她作诗，视其为"有心人"："何自为情死，悲伤必有神。一时文字业，天下有心人。"（《哭娄江女子二首》）

女性的游戏

女性在休闲生活中，可以参与很多游戏，其中有一些游戏就是以女性为主的，比如乞巧、秋千和斗百草等。

乞巧是七夕节最常见的一种游戏，七夕节也被称为"乞巧日"，这一天被称作是古代的"女儿节"。

乞巧，指的是女性向织女星祈求智巧，其方式包括对月穿针、做些小物件竞巧等。

还有一种形式是将蜘蛛放在盒子内，视其结网是否圆正，来看得巧之多少。

署名娜嬛山樵所作的《补红楼梦》第四十二回中，

图 6-6　七月乞巧，男女群体的对比十分明显

非常形象地描述了这种"乞巧"的游戏：

> 各人用小盒子一个，里面放上一个极小的蜘蛛在内，供在桌上，等明儿早上开看。如里面结成小网，有钱一般大的，便为"得巧"。也还有结网不圆不全的，又次之也还有全然不结网的。……到了次早，桂芳见天初亮便起来了，到了各处把众人都催了起来。梳洗已毕，都到怡红院中。大家来齐，便到昨儿所供檐前香案上面，把各人的盒子拿了过来。打开看时，只见桂芳与松哥的两个盒子里面有蛛丝结网并未结成，蕙哥、祥哥、禧哥的盒里全然没有蛛丝。……又将月英、绿云的两个盒子揭开看时，只见里面却都有钱大的蛛网，结的齐全圆密。大家都来看了，齐声说："好！"

蜘蛛在民间被看作是一种吉祥之物，"今野人昼见蟢子者，以为有喜乐之瑞"（《刘子》卷四），此处的"蟢子"就是蜘蛛，有喜悦、祥瑞的意思，所以古人把看见蜘蛛看作是好的兆头，就像看到喜鹊一样，"乾鹊噪而行人至，蜘蛛集而百事喜"（《西京杂记》）。

这一传统慢慢发展，形成了七夕节看蛛丝乞巧的风俗。

在七月初七这天晚上，"妇人女子，至夜对月穿针，饤饤杯盘，饮酒为乐，谓之'乞巧'。及以小蜘蛛贮盒内，以候结网之疏密，为得巧之多少"（宋周密《武林旧事》卷三）。

所谓斗百草，是在端午节前后颇为流行的一种游戏，这种游戏起源甚早,《事物纪原》中说:"竞采百药,谓百草以蠲除毒气,故世有斗草之戏。"

端午节期间有饮雄黄酒、插艾草等习俗,是因为端午节所处的季节,正值春夏交替,天气湿热,毒虫肆虐,容易传染疾病,古人采集药草来祛湿除病,由此也逐渐形成了斗百草的习俗。

斗百草可分为"武斗"和"文斗"。

"武斗"是指采集花草,来比种类、美观、坚韧性和奇特性等,张岱在《夜航船》中提到:"长安春时,盛于游赏,士女斗花,栽插以奇,多者为胜。皆用多金市名花,以备春时之斗。"

"文斗"是对花草名称或典故,以决胜负。《红楼梦》第六十二回有一段很有名的描写,形式就是"文斗":"大家采了些花草来兜着,坐在花草堆中斗草。这一个说:'我有观音柳。'那一个说:'我有罗汉松。'那一个又说:'我有君子竹。'这一个又说:'我有美人蕉。'这个又说:'我有星星翠。'那个又说:'我有月月红。'这个又说:'我有《牡丹亭》上的牡丹花。'那个又说:'我有《琵琶记》里的枇杷果。'豆官便说:'我有姐妹花。'众人没了,香菱便说:'我有夫妻蕙。'"

女性喜欢花草,斗百草多为女性和儿童参与:"春日,妇女喜为斗草之戏。"(明田汝成《西湖游览志余》卷二十二)"弄尘复斗草,尽日乐嬉嬉。"(唐白居易《观儿戏》)

女性对于这一游戏十分重视,为了斗草,专门修饰打扮:"归来见小姑,新妆弄百草。"(唐刘驾《桑妇》)但也有人太过投

入玩游戏，竟然忘记了妆容："闲来斗百草，度日不成妆。"（唐崔颢《王家少妇》）

荡秋千是一种很常见的游戏，在女性中颇为流行。秋千的起源，有人认为本是北方少数民族的游戏（"山戎之戏"），齐桓公北伐山戎之后，这种游戏就传到了中原地区。（宋高承《事物纪原》）

也有人认为，"秋千"就是"千秋"，"汉武帝祈千秋之寿，故后宫多秋千之乐"（唐高无际《秋千赋》）。

唐代以后，秋千成为寒食节和清明节期间的主要游戏项目，王维的《寒食城东即事》就写道："蹴鞠屡过飞鸟上，秋千竞出垂杨里。"杜甫的诗《清明》中也有"万里秋千习俗同"的句子。

荡秋千时，人在空中如飞翔一般，"双手向空如鸟翼"（唐王建《秋千词》），所以秋千也被称为"半仙之戏"（五代王仁裕《开元天宝遗事》卷下），女性花枝招展、罗裙飘扬，确实像仙子临凡一般。

图 6-7 古代女性荡秋千的经典场景

忙趁东风放纸鸢：
古代儿童的玩具

现代的大人们，在儿童节最不能忘记的就是给孩子买玩具，否则就会天下大乱。而过去的情况似乎不是这样，鲁迅先生在《玩具》一文中说："我们中国是大人用的玩具多：姨太太，雅片枪，麻雀牌，《毛毛雨》，科学灵乩，金刚法会，还有别的，忙个不了，没有工夫想到孩子身上去了。"

对待儿童及玩具方式的差异，背后体现的其实是古今不同的儿童观。

国际儿童节（International Children's Day）的设立，据说源自"二战"后的纪念活动，实质上根源于现代人对待儿童的新观念。

在古代社会，儿童被看作是"小大人"，他们穿着与成人差不多的衣服，做着与成人相似的事，和成人一起劳动、竞争、社交、玩耍。把儿童当作一个特殊的群体，给予特殊的重视和对待，是一种现代观念。

儿童在现代的家庭和社会中，具有重要和特殊的地位，社会

图 6-8　儿童嬉戏起来花样百出

对待儿童的态度、国家对儿童教育的投入、家庭给儿童营造的成长环境等，常被看作是一个国家文明程度的标志。

古今对待儿童态度和观念的不同，造成了儿童生活方式和教育方式的差异。

古代社会在教育和养育儿童的方式上，基本是按照对待成人的方法和标准来进行的。

《礼记·内则》谈到儿童时期的教育内容和步骤：

子能食食，教以右手；能言，男唯女俞。男鞶革，女鞶丝。六年，教之数与方名。七年，男女不同席，不共食。八年，出入门户及即席饮食，必后长者，始教之让。九年，教之数日。十年，出就外傅，居宿于外，学书计，衣不帛襦袴，礼帅初，朝夕学幼仪，请肄简谅。十有三年，学乐，诵诗，舞勺。成童，舞象，学射御。

在这种以成人观念为中心的理念中，儿童教育基本以实用技能、礼仪规范、道德意识等内容为主，与之相对应的是，玩具往往就是"玩物丧志"的表现。

西方的情形大体也是如此。

拉伯雷和蒙田在说到玩具时，都认为是毫无价值的："玩具即使不能说是危险的，也被认为是无益的奢华享受，因为玩具使正在成长的孩子们偏离了学习的轨道。"（〔法〕米歇尔·芒松著，苏启运、王新连译《永恒的玩具》）承认玩具对于儿童的益处，大概要到文艺复兴之后。

尽管如此，就如鲁迅所说，"玩具是儿童的天使"（《风筝》），玩耍是儿童的天性，在儿童的世界中，最重要的东西应当就是玩具了。

关于儿童玩具的起源，并没有一个明确的说法。儿童天生就会玩玩具，伴随着人类诞生，玩具就应该出现了。

有学者考证，在新石器时代，已经出现了很多具有儿童玩具特征的物品，包括陶塑（如陶猪、陶狗、陶鸟、陶鱼）、骨雕（如骨哨）、木雕（如木鱼）等，在实用功能之外，兼有审美和游戏的特征，完全可以当作儿童的玩具。

中国古代的儿童玩具十分丰富，张道一在《乡土玩具：人之初的艺术》一书中，把玩具分为十二大类：泥玩具（如泥人）、布玩具（如布娃娃、香包）、竹木玩具（如车木玩具）、陶瓷琉璃玩具（如瓷孩儿、陶哨）、石玩具（如石球、石雕）、纸玩具（如风筝、灯彩、折纸、纸花）、面玩具（如面人、面花）、糖玩具（如糖人、糖画）、叶秆玩具（如草叶编、麦秆编、秫秸编、麻秆编）、物壳玩具（如鸡鸭蛋壳、椰子壳、蚕茧、蝉蜕）、毛皮玩具（使用动物皮毛和皮革，如皮影）、金属玩具（如长命锁、项链、手镯、脚铃、帽花）。

图 6-9　玩具货担上琳琅满目的玩具，对于儿童有着无法抵挡的诱惑

图 6-10 小庭之中玩具撒满地，玩得热火朝天

就玩具的来源来说，或为购买，或为自制，或把一些现成物件当作玩物，或就地取材，拿一些手边常见的材料自娱自乐一番。

《韩非子》中就提到，战国后期，一些儿童一起玩耍，"以尘为饭，以涂为羹"，涂就是泥巴。泥巴是儿童最易得也最简单的玩物，《三国志》中也提到管辂小时候"与邻比儿共戏土壤中"。

古代集市上专门出售儿童玩具的商贩很多，玩具种类丰富，以《梦粱录》为例，其中提到临安的市场上销售的"小儿戏耍家事儿"，其中就包括不少玩具：

行娇惜、宜娘子、秋千稠糖葫芦、火斋郎果子、吹糖麻婆子孩儿等、糕粉孩儿鸟兽、像生花朵、风糖饼、十般糖、花花糖、荔枝膏、缩砂糖、五色糖、线天戏耍孩儿、鸡头担儿、罐儿、碟儿、镴小酒器、鼓儿、板儿、锣儿、刀儿、枪儿、旗儿、马儿、闹竿儿、花篮、龙船、黄胖儿、麻婆子、桥儿、棒槌儿，及影戏线索、傀儡儿、狮子、猫儿。

儿童容易受到玩具的诱惑，有些商贩就故意用新奇的玩具骗取儿童的压岁钱。如无锡"崇安寺市自元日起儿童争趋焉，所鬻皆傀儡戏具，镕锡为小杯盘、椅桌小锭之属，削竹木为刀枪，糊纸为鬼脸，大都赚骗小儿押岁钱耳，无他有用物也"（清黄印《锡金识小录》卷一）。

玩具具有多方面的功能。

首先，玩具是一种重要的模拟工具，儿童通过玩具，模仿成人的活动，在游戏的同时，也获得很多技能。

如古代著名的"竹马"之戏，李白的《长干行》写道："郎骑竹马来，绕床弄青梅。同居长干里，两小无嫌猜。"

图 6-11　竹马游戏

以竹竿为马，游戏就是一次场景模拟。

《后汉书·郭伋传》提到，郭伋外出巡视，"有童儿数百，各骑竹马，道次迎拜"。可见竹马游戏非常之流行。

其次，玩具还能起到益智作用。

如七巧板，是古代的一种重要玩具，据说起源自周代的七巧之戏，后来北宋的黄伯思发明了燕几图，明代严澄改进为碟几图，变化更多，清代演变成了类似今日的七巧板。

后来七巧板传播到日本、英国、美国等地，成为世界范围内广受欢迎的玩具，有些国家至今还称之为"唐图"或"东方魔板"。

七巧板变化多端，能够锻炼孩子的想象力。清代徐珂在《清稗类钞》中就说，七巧板"以薄木一方，截成七块，可合成种种模形，以启发儿童思想"。

再次，玩具在游戏消遣的同时，可以起到强身健体的作用。如清代富察敦崇在《燕京岁时记》中提到"踢球"时写道：

十月以后，寒贱之子，琢石为球，以足蹴之，前后交击为胜。盖京师多寒，足指酸冻，儿童踢弄之，足以活血御寒，亦蹴鞠之类也。

贫寒子弟，冬天踢用石头做成的球，能"活血御寒"，这种石球在古代非常普遍。

此外，蹴鞠、毽子、铁环、秋千等，都是儿童常见的体育类玩具。

从制作的工艺和成本角度来看，中国传统的玩具工艺相对简单，成本较低，易于普及。

但也有极为贵重的玩具，陆游在《老学庵笔记》中提到："承平时，

图 6-12　蕉荫击球，也能玩得不亦乐乎

鄜州田氏作泥孩儿，名天下，态度无穷，虽京师工效之，莫能及。一对至直十缣，一床至三十千，一床者或五或七也。小者二三寸，大者尺余，无绝大者。"

和今日课业繁重的儿童相比，古代儿童也轻松不到哪里去，除了规矩和技能的学习，还要进行劳作，所以也只能在放学归来、劳动间隙或节假日玩玩具。清代诗人高鼎《村居》诗曰："儿童散学归来早，忙趁东风放纸鸢。"

中国现代的儿童观，是受到西方的影响才产生的。传统中国严苛的礼法和社会制度，压制人的生气与活力，儿童常成为牺牲的对象，所以鲁迅才会疾呼"救救孩子"。

晚清、民国以后，现代的儿童观逐渐传播开来，有关儿童的生育、养育、教育等方式，也随之发生变化。国人更是意识

图 6-13 放风筝

到儿童就是国家和民族的未来，培育下一代是国家未来竞争的根基。

对于国人忽视儿童玩具的做法，1924年《教育杂志》上的一篇文章写道：

国人素不重视儿童教育，更不了解玩具在儿童教育上的价值，故提倡玩具业的人简直没有，一任小贩做卖钱糊口的无聊事业。因为玩具出在无恒产人的手中，于是自命士大夫的人益加鄙视玩具。制造玩具的因为士大夫鄙视更不思改进，互相为因，互相为果，而玩具业遂长此不发达、不长进。（张九如、周蕃青《读了全国儿童玩具展览会审查报告后的紧急动议》）

古代中国对于玩具向来不太重视，工艺简单，技术进步缓慢。中国现代新的儿童玩具主要体现在理念之"新"和技术之"新"上。

就理念而言，儿童玩具的发明和制造加入了现代的教育思想，呈现出和古代不同的面貌。

如中国近代最重要的两家出版机构——中华书局和商务印书馆，秉承着儿童启蒙的使命，设置专门的机构来设计和生产玩具。

商务印书馆出品的玩具大概可以归为十类：建筑类（如各种积木），交通类（如各种汽车模型），军事类（如各种木气

图 6-14　四目圆睁，玩得专注

枪），数学类（如数字游戏玩具），英文类（如字母牌、缀字练习片），体操游戏类（如球类、跷板、投环），手工类（如串线板、五彩方木），音乐类（如手摇风琴、笛子），动物类（如各种动物模型），杂项类（如儿童幻象、万花筒）。

就这些玩具的种类和功能来说，与传统的玩具已有很大差异。

再说技术的更新，尤其是材料。

近代以来，在玩具制造中最常用的新材料是俗称赛璐珞的一种新型塑料，具有耐摔、防水、轻便、易清洗、不掉色等特点，很适合作为玩具的材料。中国最早的赛璐珞玩具工厂，是 1911 年前后在上海成立的大中华工场。

另外，金属材料也被广泛运用到玩具中。中国最早的金属玩具工厂，是 1911 年在上海成立的范永盛玩具工场。

这些企业善于经营和创新，生产出了很多经典的玩具，如"小鸡啄米""跳蛙"，至今还在流行。

随着工业化和商业化程度的提升，现代玩具产业也越来越发达，但同时也越来越受到消费主义逻辑的影响。

同时，玩具在摆脱了古代道德性的束缚之后，也在远离纯粹的娱乐性，而承载了过多的教育功能。

今日盛行"从娃娃抓起"的口号，大人们对自己不满意，痛定思痛想主意，把主意打到了娃娃身上，所有的事都从娃娃抓起。这样做，不过是把大人该承担的责任转嫁到孩子身上罢了。

玩具在这个时候也不再好玩了，处处体现着大人们的"阴谋"。

时间：假日、岁时与节庆

对于日常生活来说，时间因素最为重要。

自然时间系统给人们的生活建立了一个基本的秩序：一年四季十二个月，每月三十天，每天日起日落，一日之中有十二时辰，形成了系统严密的时序系统。

中国人向来认为，在天、地、人之间存在一种感应关系，天是人间秩序的决定者或参照者，所以中国人也常常把自然时序变化作为安排生活时间的根据。

"四时有度，天地之理也"（《黄帝四经·经法》），现实的时间秩序，也要遵从这个"理"。

古代的休闲生活，多以自然时间系统为主要的依据。

此外，人文时间的划分，让人类的时间具有了文化内涵，如节日，因为承载了许多文化内容，而使得休闲活动有了丰富多彩的文化意蕴。

掌握时间的控制管理系统，也是政治、社会和经济管理的重要手段。

九日驰驱一日闲：
古代的放休假制度

　　空余的时间是人们进行休闲活动的基本前提，就如现代社会中有很多法定节假日一样，古代也有完善的休假制度。

　　古代的官方休假时间可分为三类：一是各种节日，如一些传统的宗教、祭祀和民俗类节日；二是假日，即法定休息日；三是临时性假日。

　　但需要指出的是，古代的休沐制度，主要针对的是官僚阶层，且并没有被严格执行，对于农民、手工业者及商人来说，其作息并无定例，有些劳动者终年劳作，长年无休，也是常有的情况。

节庆假日

　　古代的重要日子，如元日、元宵节、端午节、清明节、夏至、伏日、中秋节、腊日、冬至等，都要放假休息。

　　如元宵节起源于西汉文帝时期，汉代放一天假，唐代放三天

图 7-1 明宪宗（成化皇帝）元宵行乐

假，宋代放五天假，到了明代放十天假。

民间认为伏日有鬼出行，不便外出，"伏日万鬼行，故尽日闭，不干它事"（《汉官旧仪》），所以只能放假休息。

冬至是阴阳二气转换的时节，要以静养为主，"冬至前后，君子安身静体，百官绝事，不听政"（《后汉书·礼仪志》），也要放假休息。

图 7-2 乾隆帝元宵行乐

法定假日

官员的法定作息制度称为"休沐"，这一制度起源于西汉："吏五日得一休沐，言休息以洗沐也。"（《初学记》引汉律）

沐，最早的意思是洗头发，后来泛指洗浴、洗涤，这里指代的是休息。上面的话即是说，官员每五天可以有一天的沐浴、休息时间。

唐代把五日休沐改为十日休沐，也就是旬休，"九日驰驱一日闲"，工作九天休息一天。上、中、下旬各休息一天，这三天分别叫做上浣、中浣、下浣。

为何唐代较之汉代假日有所减少？

据杨联陞的分析，汉代官员一般住在官署内，而不是住在家里，办公时间就比较充裕，所以可以五日回家休沐一次。唐代之后，官员一般就住在家里，来回上班，效率降低，休息时间也随之减少。明清时期官方假日在旬休基础上又进一步减少，一方面是因为政务增加，另一方面也是皇帝加强集权的一种体现。（《国史探微》）

有些官员会在假日中劳作，如东汉时的尚子平，"为县功曹，休归，自入山担薪，卖以供食饮"（《文选》李善注引《英雄记》）。大概是做官收入不高，就在休息日上山砍柴，以贴补家用。

也有人在这天加班，以处理未完成的公务。

汉成帝时，有位任"贼曹掾"，也就是掌管查捕盗贼之事的官员张扶，就在休息日加班，"独不肯休，坐曹治事"（《汉书·薛宣传》），可谓勤政的典范。但也有人在休息日游戏玩乐，潇洒度日。

临时假日

一些特殊的日子，比如皇帝诞辰，也会放假几天，以示庆贺。

唐玄宗把自己的生日定为"千秋节"，放假三天。此后的帝王多沿袭这种做法，在生日时给官民放假。

唐代尊奉老子，把老子诞辰称为"降圣节"，放假一天。

还有一些忌日，也是上下"废务"，不上班。

家庭成员中，近亲的婚丧，官方规定可以回家休假。

如父母去世，必须丁忧去职，服丧三年，如果是军职，则为一百天；离开父母三千里之外，每隔三年有三十日定省假（不包括路上的时间），父母在五百里之外，每隔五年有十五日定省假；儿子行冠礼（即成年礼），有三天假期；儿女婚礼，有九天假期；授业老师去世，有三天假期，等等。

这些临时性的假期，有些是许多朝代一贯的制度，有的只是某个时期的规定，这些假期多涉及政治管理、家庭关系以及个人交往等因素，算是古代官员们的特别福利。

星期制的引入

随着近代中西之间的交流，中国人注意到了西方的七天星期制。

许多人对此表示赞同，认为一则可以劳逸结合，利于养生；一则可使"中西一律"，符合世界通例。

但也有抵制者，他们认为中国人遵从西俗，有违传统，且不符合中国人的生活习惯。而且星期制有宗教的根源，更是让人无法接受。

如张之洞就曾规定两湖书院的学生，只能按原来的惯例休息，不能采用星期制。

1902 年，清政府开始全面推行星期制，之后星期制逐渐成为中国人新的作息制度。

在城市中，星期天成为人们最重要的休闲时间，多种娱乐项目也多在星期天进行。

星期制的引入，更为重要的意义是改变了中国人，尤其是劳动阶层的生活观念。

中国是传统的农业国家，在古代社会中，由于技术和工具落后，农业需要投入大量的时间和人力，由此也逐渐形成了多劳动少休息的作息方式，勤劳一直被视为中国人的传统美德。纯粹的娱乐消遣，一直被中国人看作是不务正业。

现代作息观念让普通人意识到张弛有度、劳逸结合的重要性，通过休息娱乐来恢复体力和精力，从而让工作更有效率。

如梁启超所说，中国人虽然投入了很多时间去工作，但效率反而不如善于休息的西方人：

> 西人每日只操作八点钟，每来复日（引者按：即星期天）则休息。中国商店每日晨七点开门，十一二点始歇，终日危坐店中，且来复日亦无休，而不能富于西人也，且其所操作之工，亦不能如西人之多。何也？凡人做事，最不可有倦气，终日终岁而操作焉，则必厌，厌则必倦，倦则万事堕落矣。休息者，实人生之一要件也。中国人所以不能有高尚之目的者，亦无休息实尸其咎。美国学校，每岁平均只读百四十日书，每日平均只读五六点钟书，而西人学业优尚华人，亦同此理。（《新大陆游记》）

梁启超把星期制及作息安排，看作是影响中西文化强弱的关键因素，虽有夸大之嫌，但也不无道理。

四时佳兴与人同：
四季与古人的生活

古人的生活与劳作受自然影响很大，四季更替、昏晓昼夜，这些自然时间"规训"了古人的生活方式，休闲娱乐生活随之呈现出不同的内容和内涵。

通过对自然细致的观察和感受，古人形成了对一年的四时分期，并在此基础上慢慢形成了八节和二十四节气，从而建立了一个完备的季节分期时间系统。

季节首先与农业生产有关，"春生夏长秋收冬藏"。同时，季节也对人的生活娱乐方式产生影响。"春蒐、夏苗、秋狝、冬狩，皆于农隙以讲事也。"（《左传·隐公五年》）

四时有序，各有适宜之事，人类活动应以遵循自然规律为要则，不可与之违逆，就连军事训练及战争，也多在农闲时节进行。

董仲舒在《春秋繁露》中强调天人感应，以人事配天道："王者配天，谓其道。天有四时，王有四政，四政若四时，通类也。天人所同有也。庆为春，赏为夏，罚为秋，刑为冬。"

这种天人相应的观念是中国文化的核心观念之一，至今还深深地影响着中国人的生活方式。

春天的逸乐

春天万物生发，故古人向来重视春天作为一年之始的意义，有关迎春的仪式和祭礼很多。

许多节日都源于宗教祭祀，但后来这些节日所包含的神圣性因素慢慢淡化，娱乐性的因素逐渐凸显，人们多在这些节日中进行娱乐休闲活动。寒食节及相近的清明节就是典型的例子。

张岱在《陶庵梦忆》中批评说："越俗扫墓，男女祛服靓妆，画船箫鼓，如杭州人游湖，厚人薄鬼，率以为常。二十年前，中人之家尚用平水屋帻船，男女分两截坐，不坐船，不鼓吹。……后渐华靡，虽监门小户，男女必用两坐船，必巾，必鼓吹，必欢呼鬯饮。"

清明节恰值初春时节，利用扫墓祭祀的机会，人们出行游玩、歌吹戏耍、游庙逛街，张岱之所以批评这种华靡的风气，是因为人们"厚人薄鬼"，借祭祀的名义行欢愉之事。

这种清明游玩的方式十分普遍，"杭城人家，清明皆插柳。南北两山之间，车马纷然，而野祭者尤多。提携男女，酒壶肴榅，村店山家，分馐游息。至暮，则花鼓土宜，捆载而归"（康熙《仁和县志》卷五）。

"清明时节雨纷纷，路上行人欲断魂"，清明节为传统的扫墓祭祀之日，本来具有悲切凄凉的氛围，但因为处于万物萌生的季节，人们常在扫墓的同时，到郊野踏青游玩，所以一直有着轻松欢快的气氛。

元代戴表元《壬午清明》诗有句曰："节序愁中都忘却，见人插柳是清明。登陴戍出吹弹乐，上冢船归语笑声。"忘却愁绪，欢笑而归，完全不是悲切的清明节该有的氛围。

寒食节和清明节也有很多体育、游戏活动，增加了欢愉的气氛。唐代韦应物《寒食》诗有句曰："晴明寒

图 7-3 花发新枝，春游晚归

图 7-4 三月闲亭对弈

食好，春园百卉开。彩绳拂花去，轻球度阁来。"一派轻松欢快的气氛。

又如端午节，宋人高承所著《事物纪原》引述他说曰："屈原五月五日投汨罗江，楚人哀之。每至此日，以竹筒贮米，投水祭之。"

原本也是表达哀伤、纪念忠烈的日子，但后来逐渐成为龙舟竞渡、欢快游玩的节日。明代王绂的诗歌《端午赐观骑射击球侍宴》中有这样的句子："葵榴花开蒲艾香，都城佳节逢端阳。龙舟竞渡不足尚，诏令禁御开球场。"

夏天的生机

"四时天气促相催，一夜薰风带暑来。"（宋赵友直《立夏》）春生夏长，夏天是生长的季节，芳菲歇去，大地一派清和秀茂的景象。

夏日炎热，加上避暑条件有限，人们在高温时节往往是比较难受的，所以古人常以疰夏、病暑、苦夏来称呼夏日。

夏季又是农忙季节，"乡村四月闲人少，才了蚕桑又插田"（宋翁卷《乡村四月》）。

农业社会中，农忙是最重要的事情，就连争讼官司之类的事都要先放一放，等农闲时再处理。

江南地区在立夏这一天后，"群出采桑，垂芦帘于户，各忌喧哗，并词讼、征粮一应停止，谓之'蚕忙'"（民国二年《於潜县志》）。

春有花朝节迎接花神，夏天常在芒种日饯别花神。《红楼梦》第二十七回就记载了送花神的场景：

凡交芒种节的这日，都要设摆各色礼物，祭饯花神，言芒种一过，便是夏日了，众花皆卸，花神退位，须要饯行。然闺中更兴这件风俗，所以大观园中之人都早起来了。那些女孩子们，或用花瓣柳枝编成轿马的，或用绫锦纱罗叠成干旄旌幢的，都用彩线系了。每一棵树上，每一枝花上，都系了这些物事。满园里绣带飘飘，花枝招展，更兼这些人打扮得桃羞杏让，燕妒莺惭，一时也道不尽。

这个送别花神的场景是《红楼梦》中非常重要的一个段落。

夏日重避暑，也重养生。"春夏养阳，秋冬养阴"（《黄帝内经·素问》），中国人讲求"冬病夏治"。

夏季有很多禁忌和养生原则，如虽然夏日炎热，但反而不宜

图 7-5 六月碧池采莲

多食冰冷食物，不宜着凉等，体现了中国的养生哲学。

夏天南方湿热，疫病多发，所以人们很重视夏日的饮食与保健，由此形成了丰富的民俗传统，让夏日变得多姿多味，如立夏日"啜新茗，啖新梅，食青笋、蚕豆，云可解疰夏之疾"（民国二年《於潜县志》）。

秋天的收获

秋天是收获的季节，有清朗喜悦的氛围。同时秋天繁华渐退，也有萧瑟悲凉的情绪，所以唐代刘禹锡的《秋词》说："自古逢秋悲寂寥。"

酷暑渐消，体感舒适，秋日总有着安闲、寂静的感觉："乱鸦啼散玉屏空，一枕新凉一扇风。睡起秋声无觅处，满阶梧叶月明中。"（宋刘翰《立秋日》）

秋季虽也是农忙季节，但也有许多休闲活动，如民间流行的斗蟋蟀，就是在秋天进行的。

斗蟋蟀俗称"秋兴"，吴地在"白露前后，驯养蟋蟀，以为赌斗之乐，谓之'秋兴'，俗名'斗赚绩'。提笼相望，结队成群"（清顾禄《清嘉录》卷八）。

图7-6　八月琼台玩月

秋天最为欢乐的日子应该是中秋节，古有拜月、祭月习俗，后流行在中秋赏月，是夜"贵家结饰台榭，民间争占酒楼玩月"（宋孟元老《东京梦华录》卷八）。中秋成为中国重要且热闹的节日之一。

中秋之夜，皓月当空，陈瓜果于庭，团圆畅饮，闲聊赏月，是中国文化中最富温情的场景。

冬天的萧瑟

"霜始降，则百工休。"（《礼记·月令》）冬天降临，草木枯黄残落，农事基本完毕。

冬日闲暇较多，娱乐活动也十分丰富。"霜降百工休，把酒约宽纵。"（宋黄庭坚《次韵晋之五丈赏压沙寺梨花》）

秋天斗蟋蟀称为"秋兴"，冬天里斗鹌鹑则被称为"冬兴"。霜降之后，游手好闲者以斗鹌鹑为乐："沪人霜降后喜斗鹌鹑，畜养者以绣囊悬胸前，美其名曰'冬兴将军'。斗时贴标头，分筹码，每斗一次，谓之一圈。"（清葛元煦《沪游杂记》卷二）

冬天天气严寒，故抵御寒冷，保养身体，是冬天里最重要的事情。

冬天一到，马上"命仆安排新暖阁，呼童熨贴旧寒衣"（宋刘克庄《初冬》）。古人避寒的方法很多，比如"暖阁"就是很常用的方法。

暖阁大概是一个小的暖室，冬天坐进暖阁休闲娱乐，是很美好的享受。

"斗室藏春稳护持，梦回宵漏自迟迟。嵇康煅灶眠虽暖，如此奇温恐未知。"（清何耳、易山《燕台竹枝词·暖炕》）因为空间小，所以有"奇温"，看来保暖效果不错。

古代也有很多避寒挡风的用具，清代竹枝词《燕台口号一百首》有诗曰："家家高挂却寒帘，织草编芦也未嫌。巧绝风门随启闭，活车宛转引绳添。"

原书注释说："贫家以芦草为门帘，又糊纸作风门，旁用铁圈作枢，引以绳，号'活车'。"已经有半自动的效果了。

十六国时后赵第三任国君石虎，在冬天设置温室浴池，寻欢作乐，十分奢侈："严冰之时，作铜屈龙数十枚，烧如火色，投于水中，则池水恒温，名曰'焦龙温池'。引凤文锦步障萦蔽浴所，共宫人宠嬖者解媟服宴戏，弥于日夜，名曰'清嬉浴室'。"（《香乘》引《拾遗记》）就避寒技术来说，已经十分发达，但这只是荒淫的帝王才能有的享受。

冬至如大年，冬至是冬季最重要的节日，地位与春节相当，"天时人事日相催，冬至阳生春又来"（唐杜甫《小至》）。

在冬至日，很流行画"九九消寒图"。

明代刘侗、于奕正所撰的《帝京景物略》说："冬至日，人家画素梅一枝，为瓣八十有一。日染一瓣，瓣尽而九九出，则春深矣，曰'九九消寒图'。"就是说，在冬至日，画线描的素梅一枝，其上有八十一瓣花，冬至开始，每天染色一瓣，等到所有花瓣都染色后，春天就到了。

"消寒图"也有其他的形式，比如说在窗子上贴一枝梅花，女性在早晨化妆时，每日用胭脂画上一圈，等八十一圈画完，窗外树上的杏花就开放了，表明此时大地回春。"试数窗间九九图，余寒消尽暖回初。梅花点遍无余白，看到今朝是杏

图 7-7　十二月踏雪寻诗

株。"（元杨允孚《滦京杂咏一百首》）

还有人把八十一个圈排成九行，每天涂一个，根据天气的不同画不同标记："上阴下晴，左风右雨，雪当中。"（清富察敦崇《燕京岁时记》）

还有一种"九九消寒图"利用文字的形式，选九个字，每字九划，先把这九个字双钩写成，然后每日添一笔，等九个字写完，就冬去春来。常见的如"故城秋荒屏栏树枯荣""庭院春幽挟巷草春茵""香保送茶來庭前待客""雁南飛柳芽茂便是春"等。（按：有些字会为凑九笔而改变字形，与今天写法不尽相同。）

有一句非常有名，"亭前垂柳珍重待春風"，据说是道光皇帝所书。

不知人间有尘暑：古人的消夏

三

酷暑之日，热浪滚滚，我们现代人躲进装有空调、电扇的房间，闭门不出。

大家偶尔也会杞人忧天地为古人担心，没有空调的古人是如何消夏避暑的？

夏日炎热，加上避暑条件有限，古人在夏天确实是比较难熬的。

明代何景明的诗中写道："六月二十火云发，京师毒热胜吴下。清晨衣冠不敢出，对食欲餐汗满把。"（《苦热行简问陶良伯》）

又如清代严我斯写道："贱子闭门苦呻吟，高枕北窗汗盈把。早起科头眼欲昏，手摇白羽无朝夜。"（《苦热行》）

古人于是发明出了许多消夏的方法，避暑的效果也甚佳，就心理感受来说似乎毫不逊色于现代。

说到古人的避暑方法，大概可以分为这几个方面：

避暑用品及衣物

古人避暑，很讲究穿着。

《岁时广记》所引《乐府杂录》，提到古代有一种冰丝裑，由冰蚕丝织成，有消暑奇效，且价值不菲："唐老子本长安富家子，生计荡尽，遇老妪持旧裑，以半千获之。有波斯人见之，乃曰：'此是冰蚕丝所织，暑月置于座，满室清凉。'即酬万金。"

冰蚕是一种非常神秘的东西，在民间以及文学作品中一直以冰凉制冷为人所知，苏轼诗中就有"冰蚕不知寒，火鼠不知暑"（《徐大正闲轩》）的句子。

古人也喜欢使用凉榻和凉席。

陆游诗曰："堂中无长物，独置湘竹床。"（《薄暑》）"湘竹床"应该就是一种凉榻。铺设凉席是避暑比较通行的做法。

古代还有一种特别的席子，用猪毛做成，叫壬癸席，避暑效果上佳。《河东备录》中说："取猪毛刷净，命工织以为席，滑而且凉，号曰壬癸席。"

还有一种神奇的帛，叫澄水帛，酷暑之时，蘸水悬挂室内，立刻满屋清凉："同昌公主一日大会，暑气将甚，公主令取澄水帛，以水蘸之，挂于高轩，满座皆思挟纩。澄水帛长八九尺，似布而细，明薄可鉴，云其中有龙涎，故能消暑。"（宋陈元靓《岁时广记》引《杜阳编》）

图 7-8 卧榻消夏，凉扇在一旁候场

扇子也是避暑利器。

古人流行使用芭蕉扇，或曰葵扇，以广东新会葵扇最为有名，据说自东晋开始流行。《晋书·谢安传》中提到某人罢官归里，携带五万蒲葵扇，谢安开始使用，士庶争相模仿，一时间价格大涨。

清人得硕亭的竹枝词《草珠一串》中谈到人们流行使用芭蕉扇来避暑降温："三伏炎蒸暑气饶，如山朵朵火云烧。亏他行者偷来扇，个个芭蕉掌上摇。"

所以扇子一直为人们所喜欢，且功能不局限于扇风，白居易写了一首《白羽扇》，诗曰："素是自然色，圆因裁制功。飒如松起籁，飘似鹤翻空。盛夏不销雪，终年无尽风。引秋生手里，藏月入怀中。麈尾斑非匹，蒲葵陋不同。何人称相对，清瘦白须翁。"

图 7-9　日本浮世绘画师所绘迎凉草

有些富豪人家，竟然还用起了机械风扇。宋人刘子翚的《夏日吟》就写道："君不见长安公侯家，六月不知暑。扇车起长风，冰槛沥寒雨。""扇车"似乎就是一种机械风扇。

李白连扇子也不愿摇，干脆遁入山林之中避暑。性情狂放不羁的李白，以天地为裤衣，裸体而行，真是少见的洒脱："懒摇白羽扇，裸体青林中。脱巾挂石壁，露顶洒松风。"（《夏日山中》）

明代养生专著《遵生八笺》还记载了一种神奇的迎凉草："迎凉草碧色，而干似苦竹，叶细如杉。虽若干枯，未尝凋落，盛暑挂之门户，其凉风自至。"

瓜果与饮品

南宋周密的《武林旧事》中提到的消暑食物十分丰富，包括新荔枝、军庭李、杨梅、秀莲新藕、蜜筒甜瓜、椒核枇杷、紫菱、碧芡、林檎、金桃、蜜渍昌元梅、木瓜豆儿、水荔枝膏、金橘水团、麻饮芥辣、白醪凉水、冰雪爽口之物等，琳琅满目，毫不逊色于今日。

而其中的"凉水"类目，就包括以下诸多细类：甘豆汤、椰子酒、豆儿水、鹿梨浆、卤梅水、姜蜜水、木瓜汁、茶水、沉香水、荔枝膏水、苦水、金橘团、雪泡缩皮饮（宋刻作"缩脾"）、梅花酒、香薷饮、五苓大顺散、紫苏饮等。

也有洒脱者以喝酒来避暑。

《遵生八笺》中提到葛洪在夏天炎热之时，经常喝醉，"入深水底，八日乃出，以能伏气故耳"，当谓醉后入水以避暑，可谓奇特。

汉末枭雄袁绍在三伏天也喜欢尽日饮酒，"以避一时之暑"。

避暑喝酒的花样也有很多，如唐代魏徵在暑饮时，"取大荷叶，以指甲去叶心，令与大柄通，屈茎轮菌如象鼻，传席间嗡之，名碧筒酒"。

这种方法在古代似乎很流行。

冰与消夏

夏日消暑最佳之物非冰块莫属。

冰块既可以直接食用，又能冰镇保存食物，且可以用来降温。

　　人类掌握造冰的技术要到 19 世纪中叶以后，所以古人所用的冰都是天然冰。

　　中国人使用冰的历史起源很早，周代就已经开始设冰窖藏冰了。有学者指出，在 19 世纪之前，中国人窖冰和用冰的技术都是领先于欧洲的。

　　人们一般在冬天采冰，放在凌阴（汉代称为冰室，明清称为冰窖）或冰井中，待夏天使用。

　　官方对于取冰、藏冰、分冰等流程，都有严格的规定。负责此事之人，《周礼·天官》中称为凌人。

　　官府会修建冰窖，在清代的北京城，大约有十九处冰窖。

　　《帝京景物略》中提到，从冬季十二月八日开始，"先期凿冰方尺，至日纳冰窖中，鉴深二丈，冰以入，则固之，封如阜。内冰启冰，中涓为政"。

　　北京城的这些冰窖，最多时藏冰二十余万块，每块大约三十厘米见方，约一百斤重。（邱仲麟《天然冰与明清北京的社会生活》）

　　酷暑之时，官府会给下属分发冰块降温避暑，这就是古代的"颁冰"和"赐冰"制度。

　　吴自牧的《梦粱录》说："六月季夏，正当三伏炎暑之时，内殿朝参之际，命翰林司供给冰雪，赐禁卫殿直观从，以解暑气。"

　　分配冰块有一定的标准，往往是"官高职重冰则多"（宋梅尧臣《次韵和永叔石枕与筕竹簟》），皇帝也会把冰当作特殊的福利赏赐给某些特别的人，比如白居易，因为诗写得好，深得人们喜爱，就可以在冰块价格很高的夏天，随意取用："长安冰雪，至夏月则价等金璧。白少傅诗名动于间阎，每需冰雪，论筐取之，不复偿价，日日如是。"（五代冯贽《云仙散录》）

官府除了分冰，也会把一些冰投放到市场上，以满足大众需求。

民间也有人以采冰、售冰为业，南宋杨万里的《荔枝歌》曰："北人冰雪作生涯，冰雪一窖活一家。帝城六月日卓午，市人如炊汗如雨。卖冰一声隔水来，行人未吃心眼开。甘霜甜雪如压蔗，年年窖子南山下。"制冰售冰成了一些人的生计。

街市上常有人卖冰，清代张埙的诗歌《冰》也写道："官冰犹未送，巷有卖冰人。"所卖冰块，明代称为冰盏，因为卖冰人"手二铜盏叠之，其声磕磕，曰冰盏"（明刘侗、于奕正《帝京景物略》卷二）。

皇帝和官员会在室内放置冰块来降温，一般是在厅堂之中陈设木架，上面放置"盆冰"。冰块吸收热量慢慢融化，这样可以大大降低室内温度。

明代高濂的《遵生八笺》称："杨氏子弟，每以三伏琢冰为山，置于宴席左右，酒醴各有寒色。"清代的文昭在《盆冰》诗中写道："六月虚堂前，瓦盆木架承。暗响清如溜，凉气浮如蒸。"看来消暑效果很好，令人颇感惬意。

古人也会用冰来保存食物。

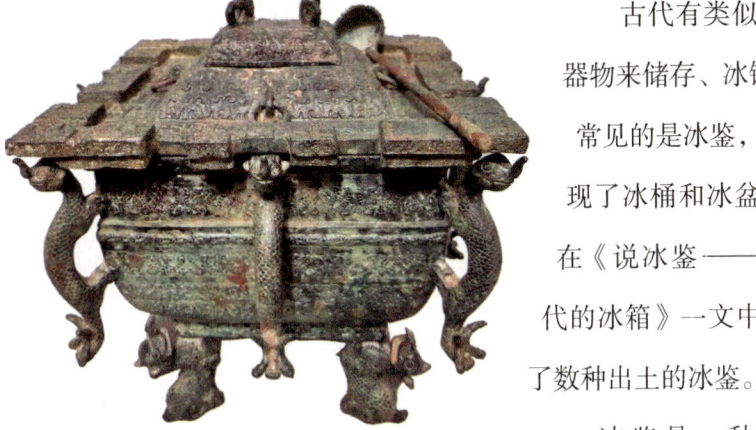

图 7-10 青铜冰鉴，战国时冰酒器，湖北随州曾侯乙墓出土

古代有类似冰箱的器物来储存、冰镇食物，常见的是冰鉴，明清出现了冰桶和冰盆。李零在《说冰鉴——中国古代的冰箱》一文中，列举了数种出土的冰鉴。

冰鉴是一种缶，可以用来冰镇酒水。古代也有冰盘，可冰镇酒水和瓜果。清代时京城流行用冰镇食物宴客，"宴客之筵，必有四冰果，以冰拌食，凉沁心脾"（清严辰《忆京都词》）。

古人在制作美食时广泛地使用冰镇方法，为了增加口感，会把浇制食物的乳酪、蔗浆进行冰镇处理，这在夏日不啻为一种独特的美味。"金盘乳酪齿流水"（宋曾觌《浣溪沙·樱桃》），"醍醐渍透冰浆寒"（元迺贤《宫词》），真是极好的消夏食物。

古人不但可以吃到冰镇的食物和果蔬，还能吃到冰棒、冰激凌之类的冰制品。有人说，冰激凌原是中国人发明的，马可·波罗带回欧洲，才发明了现代的冰激凌。

古代曾流行吃一种"酥山"，据现代学者研究，类似于"冷冻奶油甜点"，是比较接近于冰激凌的一种点心。（孟晖《酥·酥山·冰淇淋》）唐王泠然的《苏合山赋》就说："味兼金房之蜜，势尽美人之情。素手淋沥而象起，玄冬涸沍而体成。足同夫露结霜凝，不异乎水积冰生。"

可以想象，在酷暑之日，吃到冰制品，那是何等的痛快："门前铜盏呼人急，却是冰儿来卖冰。干喉似火逢薪热，一寸入口狂烟灭。"（明徐渭《沈刑部善梅花却付纸三丈索我杂画》）

避暑的场所

就避暑的场所来说，皇帝的避暑地最佳。

西汉未央宫有清凉殿，"中夏含霜"（魏曹植《七启》），无上清凉；十六国时期有"温宫"和"凉殿"，以备冬夏，"阴阳迭更于外，而内无寒暑之别"（《晋书·赫连勃勃载记》）；唐明皇也有"凉殿"，"座内含冻"（宋王谠《唐语林》卷四）等。

南宋周密在《武林旧事》中提到一个皇帝避暑的地方叫翠寒堂，有一次一位大臣进入其中，竟至于"三伏中，体粟战慄，

图 7-11　水殿纳凉

不可久立"，皇上问后方知是室内清凉阴冷所致，赶紧让人送绫纱披上。

这个翠寒堂确实非同一般：

长松修竹，浓翠蔽日，层峦奇岫，静窈萦深，寒瀑飞空，下注大池可十亩。池中红白菡萏万柄，盖园丁以瓦盎别种，分列水底，时易新者，庶几美观。又置茉莉、素馨、建兰、麝香藤、朱槿、玉桂、红蕉、阇婆、蒼葡等南花数百盆于广庭，鼓以风轮，清芬满殿。御笫两旁，各设金盆数十架，积雪如山。

图 7-12 莲塘纳凉

纱橱后先皆悬挂伽兰木、真腊龙涎等香珠百斛。蔗浆金碗，珍
果玉壶。

进入其中，让人有"不知人间有尘暑"之感。

一般人没有那么大的架势，但也有其他的办法。

长安人在夏天，以锦结为凉棚，里面放置坐具，作"避暑会"。

李少师喜欢在暑天设置"临水宴"，临水饮酒，清凉惬意，
无日不尽欢。（明高濂《遵生八笺》）

乘船入湖，是江南大户人家的避暑方式之一。

在南宋临安城，六月六日是民间信仰中的崔府君诞辰，此日
被当地人当作以避暑为主题的节日。"是日都人士女，骈集炷香，
已而登舟泛湖，为避暑之游。"

众人乘船进入湖中荫浓清凉之地，至晚上才返回："盖入夏
则游船不复入里湖，多占蒲深柳密宽凉之地，披襟钓水，月上始
还。或好事者则敞大舫、设薪簟，高枕取凉，栉发快浴，惟取适
意。或留宿湖心，竟夕而归。"（宋周密《武林旧事》卷三）

吴自牧的《梦粱录》也提到，在六月六日这天，如同民间的
狂欢节："是日，湖中画舫俱舣堤边，纳凉避暑，恣眠柳影，饱
挹荷香，散发披襟，浮瓜沉李，或酌酒以狂歌，或围棋而垂钓，
游情寓意，不一而足。"

但也有人认为夏日不宜外出。《汉官旧仪》称："伏日万鬼
行，故尽日闭，不干它事。"难道鬼不怕热？

消暑之禁忌

陶渊明在夏天，"北窗下卧，遇凉风暂至，自谓是羲皇上人"（《与子俨等疏》）。

这虽说是一种非常凉爽的避暑方法，但在养生家的眼中，头迎着风，会对身体有伤害，所以古人发明了枕屏，用来遮挡头部方向吹来的风，以免受到风侵。

欧阳修诗中有关于枕屏的名句："有时醉倒枕溪石，青山白云为枕屏。"（《赠沈遵》）欧阳修大概是很喜欢枕屏的，还专门写过一首诗，叫《书素屏》：

> 我行三千里，何物与我亲。
>
> 念此尺素屏，曾不离我身。
>
> 旷野多黄沙，当午白日昏。
>
> 风力若牛弩，飞砂还射人。
>
> 暮投山椒馆，休此车马勤。
>
> 开屏置床头，辗转夜向晨。
>
> 卧听穹庐外，北风驱雪云。
>
> 勿愁明日雪，且拥狐貂温。
>
> 君命固有严，羁旅诚苦辛。
>
> 但苟一夕安，其余非所云。

出行三千里，不离身的宝物竟然就是一个枕屏，可见这东西的好处。

诗中详细列举了枕屏的功用，尤其是在晚上睡觉时"开屏置床头"，来抵御飞砂、北风。

上述冰凉之物虽能解一时之热，但在中国人的养生之道中，却反复提醒饮食凉物有损于身体健康，因为凉食会给身体带来很大的伤害："承暑冒热，腹内火烧，遍身汗流，心中焦渴。忽遇冰雪冷浆，尽力而饮，承凉而睡，久而停滞，秋来不疟则痢。"（《寿亲养老新书》卷一）体现了独特的养生哲学。

李时珍也提醒不能多食冰："夏冰，味甘，大寒，无毒。去热除烦。暑月食之，与气候相反。入腹，冷热相激，非所宜也。止可隐映饮食，取其气之冷耳。若恣食之，暂得爽快，久当成疾。"（李时珍补订《食物本草》卷一）

总之，古人的避暑，既讲究方法，也讲究养生；既有丰富的装备用具，也有惬意的场所。就古人的记载来看，彼时避暑的效果，丝毫不比现在差。

古人也常会把避暑上升到哲思的境界，万般避暑手段，都不及心态端正平和重要。所谓"心静自然凉"，身体的燥热多半肇因于心态的浮躁。

"何如野客歌沧浪，万事不理心清凉。流金砾石未为苦，势利如火焚中肠。"（宋刘子翚《夏日吟》）古人这方面的修养，确实是浮躁的现代人所远不及的。

一派笙歌夜未央：
夜间的欢愉

昼起夜伏的观念

古代社会中夜晚的生活是简单的，一般人睡得都很早，对于这种现象有几种解释：一是认为农民勤劳，形成了"日出而作，日落而息"的作息方式；二是从养生的角度说，昼起夜伏符合自然规律；三是认为从社会管理的角度，政府为了强化社会的秩序，采用宵禁制度，除了一些特殊的节日，如元宵节外，其他日子晚上不允许活动；四是照明效果有限，现代的照明技术还没有出现。

社会学家李景汉在《北平郊外之乡村家庭》一书中，还提出了另外一个解释，那就是照明的成本。

此书调查的对象是民国时期的北京，但其中反映出来的一些情况对于中国古代社会来说也是基本适用的。

书中谈到民国时期农民家庭的照明，一般使用煤油。"在夏季，昼长夜短，许多贫家不用灯火，只在冬季天短时每晚用油少许，每月少者约用一斤，多者约用二斤，每斤价约八分。普通人

图 7-13 著名的夜间欢愉——韩熙载夜宴

家在暖季每月约用一斤，在冷季每月约用三斤。"

在对一个村庄的调查中，平均每家一年花费二元。而这个村庄的收入情况，每家年收入在一百元上下，照明费用占年收入的百分之二；全村一百多户人家，蔬菜消费未满五元的有三十六家，占三分之一多，所以两元的煤油费用，也算是一笔不大不小的开支了。

古代官方在一些节假日中张灯结彩，要求百姓挂灯，许多百姓都难以承担这笔对他们来说很高昂的费用。

夜晚的时间管理

古人昼起夜伏的生活方式受到了自然的限制，在照明条件落后的情况下，晚上无法做更多的事。同时，时间的安排除了遵照自然规律以外，还受到社会管控因素的影响。

对于时间秩序的管理，是社会管理的重要内容，尤其是对于夜晚，历代官方都有严格的管理制度，这称为夜禁制度。

"禁民夜行"，夜间人们不能随意出行，行为方式受到了很大的约束。

白天的世界如果说是光明的、理性的、有秩序的，那么黑夜则代表着黑暗、非理性、混乱与罪恶。

《大元圣政国朝典章》中就规定："其夜禁之法，一更三点钟声绝，禁人行，五更三点钟声动，听人行……违者笞二十七下，有官者笞一下，准赎元宝钞一贯。"

昼伏夜出，夜聚晓散，是对昼出夜伏秩序的打破，在官方看来，就代表着罪恶、奸盗之事。

宵禁制度也与城市防火有关。

古代建筑多用木材，而城市中人口密集，房屋距离很近，一旦失火，局面往往容易失控。

尽管古代的城市建立了在当时来说比较完备的消防系统，比如南宋时的杭州城，城内有消防军卒 2 000 多人，城外有 1 200 多人，配备有水桶、绳索、旗号、斧头、锯子、灯笼、防火衣等装备，但城市防火的压力还是非常大的。

马可·波罗对于杭州城的灯火管制印象深刻，他专门记录说："守望者们的职责是，在法定禁火的时刻到来之后，看看还有谁家露出任何火烛之光。如果他们发现到了，就会在其门上标上记号，而一大早房主便会被传唤到官吏面前，如举不出正当理由，便会受到惩处。同样，在法令禁止的时间内如果他们发现有任何人在街头乱走，亦会将其拘捕，并于次日清晨将其押送给官吏。"（〔法〕谢和耐著，刘东译《蒙元入侵前夜的中国日常生活》）

夜间的狂欢

一个人的生活要有张有弛，如果一直处于紧绷状态，长此以往，就会造成精神和心理的失衡。

一个社会也是如此，平时政府对社会有严格的管控，但也会在一些特殊的日子放开各种禁令，让人们得以放松。

在各个民族、文化中，都有狂欢节，就是通过狂欢的方式来释放被压抑的生命本能，从而使社会心理得到平衡。

古代中国的狂欢节就是元宵节，在这天，官方会破例取消夜禁，称为"放夜"。

"元宵不禁夜，自汉始"，在元宵节前后的几个夜晚，都是

图7-14　月夜看潮

"金吾不禁夜"，普通百姓得以肆意狂欢。

统治者之所以愿意弛禁，让百姓在节日中娱乐狂欢，除了让百姓得到放松和休息的目的之外，或更在意于从节日的色彩与斑斓之中彰显社会祥和繁荣的气象。

就如清人描述扬州灯节之繁华，虽不及原来，但"银花火树，人影衣香，犹见升平景象"（清黄钧宰《金壶七墨全集》卷四），以此来提振社会之凝聚力和向心力，从而维护统治秩序。

夜市

古代的夜市也十分红火。《东京梦华录》记载，宋太祖撤销宵禁之后，汴京城中，"夜市直至三更尽，才五更又复开张。如要闹去处，通晓不绝"。

南宋时期的杭州，夜市非常流行，《梦粱录》中说："杭城大街，买卖昼夜不绝，夜交三四鼓，游人始稀，五鼓钟鸣，卖早市者又开店矣。"按照现在的时间刻度，四更结束已是凌晨三点，此时"游人始稀"，可见夜间活动的人很多，夜市也十分发达。五更时，卖早餐的商贩就开业了，市场几乎是全天候经营的。

这种发达的夜市，一方面说明人们的夜间活动丰富，另一方面也说明经营活动的多元化，给人们的休闲生活带来了更多的便利。

从一个细节可以看出夜市中酒楼的繁荣热闹——汴梁夜市中没有蚊子，原因是因为酒楼中油烟太多："天下苦蚊蚋，都城独马行街无蚊蚋。马行街者，都城之夜市酒楼极繁盛处也。蚊蚋恶油，而马行人物嘈杂，灯火照天，每至四鼓罢，故永绝蚊蚋。"（宋蔡绦《铁围山丛谈》卷四）

图 7-15　明代杭州北关夜市

还有一种"夜市"，从事的不是正常的商业行为，而类似于一种"黑市"，主要用于销赃或秘密交易。

在清代的南京，就有这样的"夜市"："在笪桥，每五更，人各以所售物至，不举灯，惟暗中度物，又不出声，或价物两直，或得利数倍，率以为常。旧传以为偷儿所窃物，故以此时私鬻，其实不然，大抵皆故家儿，不欲显言家物，忌人之知，以为耻耳。然故诗有云：'金陵市合月光里。'则夜市之由来久矣。"（康熙《江宁县志》卷三）

晨起与夜晚的结束

四更（1—3点）或五更（3—5点）往往就有人晨起，或苦读，或远行，或劳作，或买卖。

凌晨时有不少专门的报晓者，多由寺院僧人来承担，"每日交四更，诸山寺观已鸣钟，庵舍行者、头陀打铁板儿或木鱼儿，沿街报晓，各分地方"（宋吴自牧《梦粱录》卷十三）。

北宋时也是如此："每日交五更，诸寺院行者打铁牌子或木鱼循门报晓，亦各分地分，日间求化。诸趋朝入市之人，闻此而起。"（宋孟元老《东京梦华录》卷三）

报晓的同时，也会兼顾提示天气情况，还形成了专门的术语："若晴则曰'天色晴朗'，或报'大参'，或报'四参'，或报'常朝'，或言'后殿坐'；阴则曰'天色阴晦'，雨则言'雨'。"（宋吴自牧《梦粱录》卷十三）

"三更灯火五更鸡"，五更时分代表着新一天的开端，中国人向来勤奋，从五更时就陆续开始忙碌，一夜的欢乐时光也到此终结。

总之，古人在夜间的休闲生活十分丰富多彩。"两行宝炬照华堂，一派笙歌夜未央。"（明屠隆《夜饮李将军帐中》）华灯初上，人们似乎进入了另一个世界之中，彻夜笙歌，把酒邀月，欢愉无限。

观灯

在照明条件不太发达的古代，在节假日的晚上观灯，应该是最具有视觉冲击力，也最令人振奋的活动。

"灯光驱暗，可继白昼"，灯光照亮了沉寂的夜空，也点燃了人们的激情。

关于灯的娱乐活动很多，张灯、送灯、观灯、放河灯、舞龙灯等，这些五彩缤纷的灯，将通常漆黑沉寂的夜色装饰得色彩斑斓。

上元节（元宵节）观灯，是一年之中最为重要的灯光嘉年华。

这个晚上，到处火树银花，灯明如昼，色彩绚烂，鸣鼓震天，人们充塞街道，聚友呼朋，彻夜狂欢。

宋初元宵弛禁放灯三天，即正月十四至十六日；到宋太祖乾德五年（967），开放至五天，即加上十七、十八两天，此后"燃

图 7-16 节日观灯

灯五夜"就延续了下来。

北宋的开封和南宋的杭州，元宵灯会的规模都很大，据说杭州"南自龙山，北至北新桥，四十里灯光不绝"（《西湖老人繁胜录》）。

观灯习俗中还有一种特殊的形式，即打灯谜。

清人顾禄《清嘉录》说："好事者巧作隐语，拈诸灯，灯一面覆壁，三面贴题，任人商揣，谓之'打灯谜'。谜头皆经传、诗文、诸子百家、传奇小说，及谚语、什物、羽鳞、虫介、花草、蔬药，随意出之。"

灯谜起自宋代，明清时期成为元宵节中重要的活动之一，文人雅士尤为热衷。人们除了在元宵节猜灯谜，平日也会以此为娱乐。

在宋代的瓦舍之中，就有专门的地方用来猜谜，竟然还出现了一些职业猜谜人，《武林旧事》中提到的就有十三位。

江南水乡，流行驾船冶游，在一些旅游胜地，如南京秦淮河、杭州西湖等地，有专门用于夜间游玩的灯船，灯舫以苏州最佳，"灯舫皆吴人所有，俗名'淌板船'……灯舫始兴，颇尚明角琉璃灯。后玻璃盛行，则改用烧料明珠，穿以铁丝，扎成五色玻璃灯"（陈去病《五石脂》）。

图 7-17　孩子们围拢起来看花灯

技术的不断改进，使得照明的效果越来越好，灯舫与河畔歌台舞榭交相辉映，这大概是古人所能体验到的最为绚烂的景象了。

街道上的灯一部分来自官府，商家店铺也会在门头悬挂灯笼，官府也会命令百姓在元宵夜点灯，当政者希望处处张灯结彩，以此来体现太平盛世的气象。

但许多百姓因担负不起灯油而叫苦不迭。有人就在灯笼上写了一首诗，来讽刺官府："富家一盏灯，太仓一粒粟；贫家一盏灯，父子相对哭。风流太守知不知，犹恨笙歌无妙曲。"（明谢肇淛《五杂组》卷二）

烟火

能把古代的夜晚装扮得绚丽多彩的，除了花灯之外，应该就是烟火了。

中国人最先发明了火药，有人批评中国人并没有进而发明大炮，却只用来制作烟火，其中包含的文明争论暂且不论，烟火的发明确实为古代中国的夜空增添了不少亮色。

据说烟火起源于隋炀帝，宋代高承的《事物纪原》说："火药杂戏，始于隋炀帝。孟襄阳谓即火树也。"

北宋时期，在节日中放烟火已经十分普遍，尤其是在上元灯节，晚上人们争相外出看烟火。

烟火的花样繁多，明代沈榜的《宛署杂记》提到："燕城烟火，有响炮、起火、三级浪、地老鼠、沙砲儿、花筒、花盆诸制。有为花草、人物等形者。花儿名百余种，统名曰'烟火'。"

古代烟火的制作和燃放技术都很高超，北宋的烟火就能放出人物形象的效果来。宋话本《灯花婆婆》中写道："只见那灯花三四旋，旋得象碗儿般大一个火球，滚下地来。咭的一响，如爆竹之声，那灯花爆开，散作火星满地，登时不见了，只见三尺来一个老婆婆。"

《东京梦华录》中还记载了一种"药发傀儡"，用烟火设计人物形象，点燃后烟火利用火药的反冲力产生一些动作，令人惊叹："迎拥一佛子，外饰以金，一手指天，一手指地，其中不知何物为之。唯高二尺许，置于金盘中，众僧举扬佛事，其声振地。士女瞻敬，以祈恩福。或见佛子于金盘中周行七步，观者愕然。今之药傀儡者，盖得其遗意。"

明清烟火戏更加专业和复杂，不但能放出单人形象，更能放出一些历史故事场景。

伊永文在《到古代中国去旅行》一书中就列举了清代烟火戏的一些名目：日月合璧、五星联珠、双凤朝阳、二龙戏珠、海市蜃楼、回回献宝、麒麟送子、狮子滚绣球、八仙过海、二仙传道、东方朔偷桃、张生戏莺莺、吕布戏貂蝉、敬德洗马、单雄信夺槊、华容道挡曹、张飞喝断当阳桥、张果老倒骑驴、吕纯阳醉扶柳树精、韩湘子化妻成仙、费长房入壶、月明和尚度柳翠、孙悟空跳出五行山、陈抟老祖大睡觉、老子骑牛过函关、哪吒闹海、周处斩蛟、杨香打虎、罗汉降龙、王羲之爱鹅、苏属国牧羊、庄子蝴蝶梦、八戒蜘蛛精、张仙打狗、和尚变驴等，花样繁多，令人惊叹。

烟火的制作形成了一些品牌，有些地方以制作烟火而出名。

如古代松江地区制作烟火的水准很高，"烟火尤盛，其制：以火药实纸卷中，大小数百为一架，植木悬之，凡十余层，层层施机火，至药发，光怪百出，若龙蛇飞走，帘幕、灯火、星斗、人物、花果之类，粲然若神"（嘉庆《松江府志》卷八十四）。

南京的烟火和鞭炮"以汉口镇所制者为佳，故曰汉镇财鞭。凡庆贺事悉用之，不独元日然矣"（潘宗鼎《金陵岁时记》）。

放烟火需要专业人士，他们掌握着燃放技术。

赵孟頫在《赠放烟火者》中称赞他们的技术"巧夺天工"：

图 7-18 节日的气氛，很多由儿童放鞭炮营造

"人间巧艺夺天工，炼药燃灯清昼同。柳絮飞残铺地白，桃花落尽满阶红。纷纷灿烂如星陨，燡燡喧豗似火攻。后夜再翻花上锦，不愁零乱向东风。"对于普通人来说，这些放烟火者，就如同魔术师一般神奇。

明代还出现了"水上烟火"，就是在水面上燃放烟火，虽是在白天燃放，但"制造繁华，不减夜间"。

李开先为此赋诗曰：

纸船藏火药，摇曳绿阴旁。

炽焰燔危岸，飞烟掩太阳。

炮惊鱼出没，花炫鸟回翔。

再赤周郎壁，欲从李相庄。

（《昼日观水上烟火次夏黄山韵》）

所和原诗为：

巧技传京国，载舟戏水旁。

纵焚鏖赤壁，飞炮破襄阳。

照浪鱼龙骇，飘烟燕雀翔。

升平多乐事，偏集太常庄。

可见效果也是十分惊艳。

花竹幽窗午梦长：
睡眠及午睡

睡觉是人的基本生理需要，也是人们生活中最为重要的休闲方式。

人生在世，"动之者半，息之者半"（《闲情偶寄》），睡眠占用的时间很长。古人对于睡眠非常重视，也很讲究，如李渔在《闲情偶寄》中关于睡眠的专论，堪称古代睡眠文化的提要之作。

睡眠与养生

通过睡眠，动静结合，才能让白天劳累的身体得以休息和放松，所以说睡眠是最重要的养生之道。李渔在《闲情偶寄》中说："养生之诀，当以善睡居先。睡能还精，睡能养气，睡能健脾益胃，睡能坚骨壮筋。"

李渔还谈到，要是一个患病之人一直睡不着，病情就会逐渐加重，要是能睡上一觉，醒来就会精神渐佳。

所以说，睡眠不只是睡眠，还是治病之药，非一般之药，还是"治百病、救万民、无试不验之神药也"。

睡眠的时间与午睡

古人睡眠很讲究时间，不光看一天睡足多少时间，还要看时辰，该睡时睡，该起时起，才符合养生之道，也能达到最好的睡眠效果。

一般以戌时至卯时为睡眠时间，过早或过晚，均不合适，"当睡之时，止有黑夜，舍此皆非其候矣"（《闲情偶寄》）。

现代人经常晚睡，颠倒昼夜，在古人看来是十分不可取的。而且，在古人看来，睡眠时间不足或过长，也都是不适宜的。

如果说睡眠对人来说是基本的生理需要，那么午睡对人则是多余的消遣了。

儒家对于午睡是持否定和批评态度的，最著名的例子是温良恭俭让的孔子因为学生宰予在白天睡觉，少见地发了一次火，孔子大骂宰予："朽木不可雕也，粪土之墙不可圬也。"（《论语·公冶长》）尽管对这句话有不同的解读，但说儒家反对白天睡觉，大体是没问题的。

整体来看，惜时是儒家所提倡的重要价值之一。为政者的勤政、为学者的惜时，都是儒家所反复颂扬的品质，如经常会使用

"夙夜匪解"(《诗经·大雅·烝民》)、"夙夜不懈"(《吕氏春秋·首时》)之类的赞语。

上海博物馆藏战国楚竹书《曹沫之陈》中提到鲁庄公:"不昼寝,不饮酒,不听乐,居不设席,食不贰味。""不昼寝"作为首要的美德而被赞扬。

儒家反对午睡的第二个著名例子有关汉代的边韶。

《后汉书》记载:"韶口辩,曾昼日假卧,弟子私嘲之曰:'边孝先,腹便便。懒读书,但欲眠。'韶潜闻之,应时对曰:'边为姓,孝为字。腹便便,《五经》笥。但欲眠,思经事。寐与周公通梦,静与孔子同意。师而可嘲,出何典记?'嘲者大惭。"(《后汉书·边韶传》)

弟子其实有些不像话,老师白天躺了一会儿,他们就嘲笑老师肚子太大,而且白天不读书,只知道睡觉。

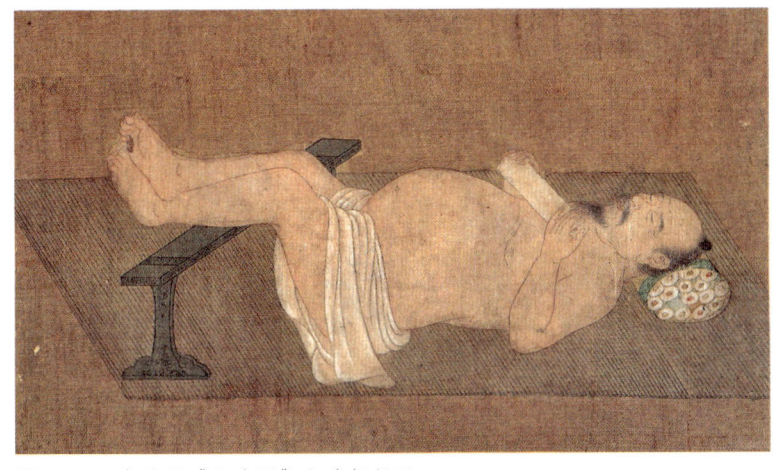

图 7-19 唐陆曜《六逸图》之边韶昼眠

按照儒家的看法，弟子们的观点没有错。但昼眠的边韶却反驳弟子，说自己肚子大是用来装经典的，白天睡觉其实是在思考问题，就像孔子梦通周公一样。弟子被辩倒而大惭。

尽管善于辩论的边韶驳倒了弟子，但后来者却经常拿边韶昼眠说事，对他大加嘲笑讽刺。

唐代诗人卢纶就说"边韶唯昼眠"，就是说边韶只知道在白天睡大觉。边韶的坏名声由此奠定，正如《声律启蒙》所言："潘岳不忘《秋兴赋》，边韶常被昼眠嘲。"

边韶昼眠的故事被广泛传播，除了经常成为诗歌中的典故外，还成了绘画的素材，唐代画家陆曜绘有《六逸图》，其中就有"边韶昼眠"（北京故宫博物院藏）。

刘师培《孔门弟子多治诸子学》一文谈到，宰予之所以昼寝，乃是因为其同时治黄老之术，黄老之术近于后来的道教。

道教重养生，在道教的观念中，午睡是重要的养生方式之一。唐张令问《寄杜光庭》诗曰：

> 试问朝中为宰相，何如林下作神仙。
> 一壶美酒一炉药，饱听松风清昼眠。

美酒、丹药与昼眠，加在一起，确实近乎神仙的境界了。

后人赞成午睡者，也多从养生的角度加以论证。前引李渔在《闲情偶寄》中谈论睡眠对于养生的作用，尤其提到午睡的功用，特别是夏日午睡，"养生之计，未有善于此者"。

另外值得一提的是，也有观点认为午睡是不利于健康的。如《韩诗外传》卷六提到："卫灵公昼寝而起，志气益衰。"元代的忽思慧在《饮膳正要》中说："昼勿睡，损元气。"

睡眠、午梦与隐逸

道家对现实保持着一种批判与超脱的立场，追求对现世的超越，做梦常作为一种超越现实的方式。

庄子认为人生如梦，梦如人生："方其梦也，不知其梦也。"（《庄子·齐物论》）

图 7-20　元刘贯道《梦蝶图》，道家精神的集中体现

　　道家对于时间的态度，并不像儒家那么分秒必争，而是在现实之中追求逍遥的境界。生死都无区别，何必对于时间那么苛求呢？对于时间抱持闲适、从容、泰然的态度。

　　现实或不那么令人满意，除了归隐山林，梦境也成了一种隐逸的归宿。古代诗文中很多作品都体现了道家的这种追求。如白居易在《睡起晏坐》中写道：

> 后亭昼眠足，起坐春景暮。
>
> 新觉眼犹昏，无思心正住。
>
> 淡寂归一性，虚闲遗万虑。
>
> 了然此时心，无物可譬喻。
>
> 本是无有乡，亦名不用处。
>
> 行禅与坐忘，同归无异路。

进入梦境，人可以暂时摆脱现实功利的束缚，进入到一个自由而逍遥的世界。做梦成了一种逃避现实、追求出世与隐逸的途径。

　　对于那些在官场不得意之人，也可以在片刻的午梦中找到些许安慰。

　　陆游在《长相思》中说："满腹诗书不直钱，官闲常昼眠。"元代张可久《清江引》写草庵午睡："华堂碧玉箫，紫绶黄金印，不如草庵春睡稳。"

　　做梦会让人进入到另一个时空之中，梦境与现实常会形成某种张力，由此，梦境也成了反观现实的一种方式。

多数的乌托邦作品都是对于现实的批判，所以说，古人的梦境，除了表达隐逸、虚空的感悟，逃避现实之外，还承担着社会批判的功能。

古人对于时间十分敏感，古诗文中有关伤春、悲秋、生离、死别等的主题很多。

午梦初醒，也常会勾起人们对于时光易逝的愁思，这也是对韶华渐去的一种情感回应。

宋代周晋的词中，有"午梦初回，卷帘尽放春愁去"这样的句子。周邦彦的《蝶恋花》中，也有着这样的感慨："午睡渐多浓似酒，韶华已入东君手。"

午睡也是古代文学作品实现时空转换的主要手段。

如今穿越题材的文艺作品十分流行，其实古代也有很多这类题材。

如何在作品中实现穿越呢？很多作品都是通过一场白日梦实现的。如大家耳熟能详的南柯一梦、黄粱一梦、游园惊梦等，大概都指的是午睡或昼眠。

如果说午睡是实现时空转换的方式，那么惊梦则是由梦境返回现实的途径。

"惊梦"是关于午睡的诗文中最常见的主题。惊梦往往由某些声音所造成，常见的如雨声、蝉声、鸟鸣、棋声等。

宋代杨万里的《昭君怨·咏荷上雨》就描绘了骤雨惊醒午梦

的情形：

午梦扁舟花底，香满西湖烟水。急雨打篷声，梦初惊。却是池荷跳雨，散了真珠还聚。聚作水银窝，泻清波。

惊醒美梦最常见的声音是鸟鸣，如"黄鸟数声残午梦"（宋王安石《书湖阴先生壁二首》），"午眠见金翅，惊觉数声啼鸟"（宋曾拨《西江月》）等。

睡眠的环境与睡具

古人很重视睡眠的环境。李渔对睡眠之地的要求有二：一是静；二是凉。

安静是入睡的基本前提，喧嚣之所，实在令人难以安眠。

对于凉的要求，主要是夏季的需要。"不凉之地，止能睡魂，不能睡身，身魂不附，乃养生之至忌也。"陶渊明曾说："五六月中，北窗下卧，遇凉风暂至，自谓是羲皇

图 7-21 槐荫消夏

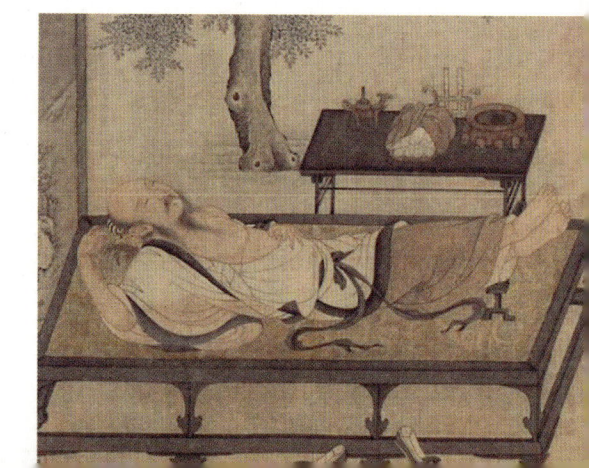

上人。"（《与子俨等疏》）

五六月间，躺在北窗之下，有凉风吹来，便是无上的享受。陶潜之后，北窗下卧，成了避暑的方式，也成了隐逸的象征。

古人睡眠也讲究姿势。

孔子说："寝不尸，居不容。"（《论语·乡党》）就是说，睡觉时不能平躺，在家时不必过分端庄。

南宋理学家蔡元定的《睡诀铭》说得很细："睡侧而屈，觉正而伸。"睡觉时侧身屈腿，醒来时正过身体，伸展腿脚。

睡眠的姿势也会随着季节的不同而有不同的讲究："自立春

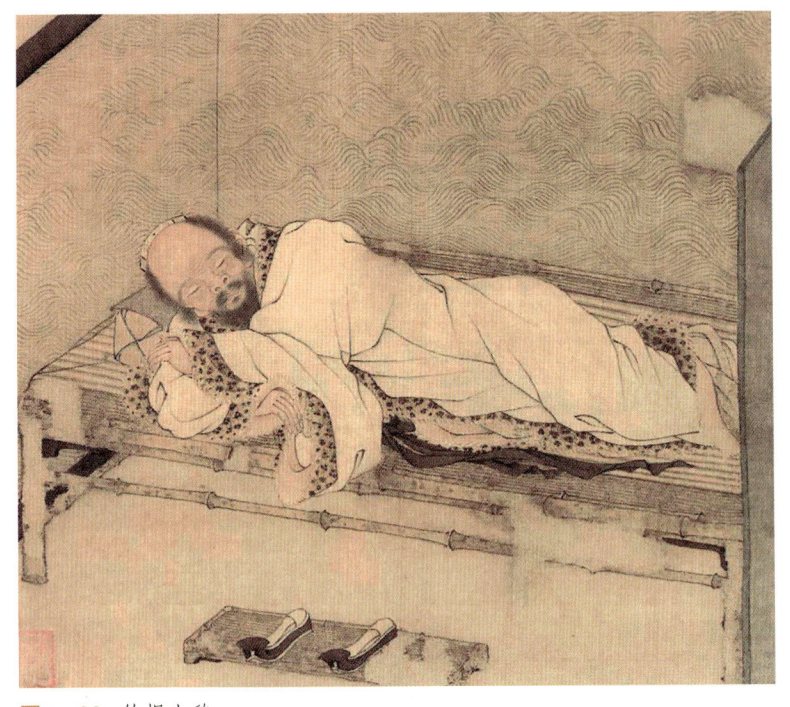

图 7-22　竹榻小憩

后至立秋前，欲东其首。立秋后至立春前，欲西其首。"（宋蒲虔贯《保生要录》）

但有些时候就无法顾及姿势了，比如说在户外。古人的午睡非常普遍，有人在行旅之中还要午睡，这就需要利用一些睡具。

在古籍中经常提到一种睡具，那就是胡床。

胡床并非是现在意义上的床，而是一种可以折叠的坐具，类似于现在的马扎。大概是便于折叠、携带，因此经常被用作午睡的用具。

宋范成大《北窗偶书》中说道："胡床憩午暑，帘影久徘徊。"宋代葛郯的《兰陵王·和吴宣卿》一词中，也有"一枕胡床昼眠足"的句子。

明代文人袁宏道《和江进之杂咏》说："山亭处处挈胡床，不独游忙睡亦忙。"看来胡床是当时很普遍的午睡用具，外出、旅游时携带，随时可以用来入眠。

睡眼与睡心

蔡元定的《睡诀铭》曰："睡侧而屈，觉正而伸，早晚以时。先睡心，后睡眼。"朱熹对此大加称赞，认为此诀具有"古今未发之妙"（宋周密《齐东野语》卷十六）。

此中最重要的是睡眼与睡心之说。

图 7-23 月下泊舟，静眠江边

　　眼睛入睡是身体的睡眠，形式上的睡眠，心睡才是真正的睡眠。

　　要睡心，首先心理上要进入安闲的状态，过于忙碌，压力太大，只能睡眼而难以睡心。

　　其次要内心平和，无愧于心。曾国藩提到陆游"每以美睡为乐，盖必心无愧怍，而后睡梦皆恬，故古人每以此自课也"（《曾国藩日记》咸丰十一年正月初二日）。

　　如果心有烦恼，自然难以入睡。《遗教经》说："烦恼毒蛇，睡在汝心。睡蛇既出，乃可安眠。"（宋周密《齐东野语》卷十六）

　　尼采的《查拉图斯特拉如是说》中说："他立即进入睡乡，

身子很倦，可是灵魂很安宁。"（钱春绮译文）指的就是睡眠时内心安详的状态。

《格言联璧》收有一副对联："读书即未成名，究竟人高品雅；修德不期获报，自然梦稳心安。"说的就是道德高洁，内心安稳，才能睡得踏实。

进入现代社会之后，人们的生活和工作节奏加快，个人自由时间减少，午睡也就成了一件很奢侈的事。

在古代诗文中，午睡的时间是一种诗意的时间，而在现代生活中，无法午睡的快节奏生活，反映的是人正处于异化的时间之中。

中篇与结论 谶纬：卷一

费孝通在《差序格局》一文中对中国的社会组织方式有个形象的比喻，那就是，中国的社会格局"好像把一块石头丢在水面上所发生的一圈圈推出去的波纹。每个人都是他社会影响所推出去的圈子的中心"。

就人们所生活的空间来说，似乎也是如此向外一圈圈推的。

城市和农村的生活空间有所不同。

对于城市人来说，家庭空间外一圈是城市空间，在城市中有一些功能性的细分空间，城市之外是乡野空间。城市中的各种功能齐全，能满足人们各种层次和各方面的需求。

对农村人来说，最中心的生活空间是家庭，之外有邻里街坊，再外是村落、基层市镇，再往外是县城以及更大一级的城市。

这种生活空间的层次性，对于理解古人的生活，尤其是休闲生活，是十分重要的。

作为涟漪的中心，家庭是最基本的生活空间，也是最基本的休闲空间。

家庭之外，农村之中的田间地头、房前屋后，都是娱乐空间。

对于农民来说，最重要的娱乐空间，恐怕就是集市和庙会了。

农村的庙会除了祭祀、贸易功能之外，最为重要的功能就是给普通民众提供了一个放松休闲的场合。对于多数农民来说，一生之中进入县城的机会十分难得，更遑论进入大城市了。

城市中的人，可以选择瓦肆勾栏、茶馆酒肆、客舍商铺等进行娱乐休闲；在节假日，出城进入乡野，踏青游玩。自然之中，名山大川、江河湖泊，都是人们放松心灵之所。

近代以来，新式戏院影楼、餐馆酒吧、公园广场，更成了城市繁华的象征。

山水之中足可娱：
山水与自然

"自然"的形成

最初的"自然"概念，指的是原始的、生糙的、没有人为因素参入其中的自然界。而随着文明的演进，自然的概念发生了变化，自然成了"自然而然"之"自然状态"与"本然如此"之"自然本质"，此"自然"其实成了文明的创造物。

在原始的"自然"中，自然是充满危险和未知的世界，是人们千方百计要避开的地方；而文明的"自然"，则是充满了神秘和浪漫的乌托邦之地，是人们心向往之的所在。

尤其是随着城市文明的兴起，城市中重利轻义的商业气氛、淡漠的人际关系、紧张的生活节奏、污浊的生存环境等，使得"自然"成为城市"文明"的对立面，而被人们所想起，身在文明世界中的人，愈发感受到自然的可贵。

瑞士历史学家布克哈特在其名著《意大利文艺复兴时期的文化》中揭示，西方人对自然美的发现起源于文艺复兴时期，"准确无误地证明自然对于人类精神有深刻影响的还是开始于但丁。他不仅用一些有力的诗句唤醒我们对于清晨的新鲜空气和远洋上颤动着的光辉，或者暴风雨袭击下的森林的壮观有所感受，而且他可能只是为了远眺景色而攀登高峰——自古以来，他或许是第一个这样做的人"（何新译文）。

而在中国，这一自然观的转变发生在魏晋南北朝时期。就像宗白华在《论〈世说新语〉与晋人的美》中所说："晋人向外发现了自然，向内发现了自己的深情。山水虚灵化了，也情致化了。陶渊明、谢灵运这般人的山水诗那样的好，是由于他们对于自然有那一股新鲜发现时身入化境浓酣忘我的趣味；他们随手写来，都成妙谛，境与神会，真气扑人。"

游山玩水的兴起

有关自然的观念在魏晋南北朝时期发生变化之后，游山玩水的风气也就逐渐形成了。

山水不再只是自然的山水，更是精神和艺术的山水，是一种摆脱拘束，无所羁绊的自然状态，是没有世俗与名利干扰的自然而然的境界。

《世说新语》记载简文帝入华林园，对周围的人说："会心处不必在远。翳然林水，便自有濠濮间想也，觉鸟兽禽鱼，自来亲

图 8-1 溪山暮雪

图 8-2 江帆楼阁

人。"在林水之间，就有悠然自得的会心与情趣。

对于儒家知识分子来说，"穷则独善其身，达则兼善天下"（《孟子·尽心上》），显达时积极进取，建功立业，困厄时退隐山林，回归自然。自然成了知识分子的另一个精神向度。

晋朝的庾峻说："有朝廷之士，又有山林之士。朝廷之士，佐主成化，犹人之有股肱心膂，共为一体也；山林之士，被褐怀玉，太上栖于丘园，高节出于众庶。"（《晋书·庾峻传》）

魏晋名士追求无为与自然，整日纵情享乐，痴游山水，游目骋怀。阮籍"登临山水，经日忘归"，他"率意独驾，不由径路，车迹所穷，辄恸哭而反"（《晋书·阮籍传》），自然其实就是精神的寄托。

与游山玩水风气相伴随的

是山水画、山水诗和山水游记的兴起。

南朝刘宋时期画家宗炳好游山水，"栖丘饮谷，三十余年"（《宋书·宗炳传》），他把自己所作的山水画挂在卧室，昼夜"卧游"，山水之间自能安顿精神。

山水诗在魏晋时期也开始走向独立，谢灵运是山水诗的代表，"山水含清晖，清晖能娱人"（《石壁精舍还湖中作》）。在山水之中寄托精神和理想，成为中国文学和艺术长久的主题。

宋元之际人王义山《斋居杂兴》写道："山水之中足可娱，田园数亩任荒芜。论交惟有诗知己，把酒相忘月与吾。"极好地表达出了中国人尤其是士大夫对于自然与生活之关系的态度。

园林：人为的自然

在城市的喧嚣之中，士大夫及官宦之家开始追求一种清雅幽静的生活环境，在城市中追求乡居之情趣，于是园林应运而生。

在田宅之中建造园林美景，杂植花草，设山置石，植修竹，蓄小湖，凭栏把玩，四时常新，足不出户，即能览尽田园美景。

园林作为一种人为的"自然"，利用人工手段，营造天然本真的野趣，是一种独特的生活美学。

古代帝王喜好建造园囿，用以狩猎、观赏或游玩，但真正意义的园林是文人园林。

魏晋时期开始出现文人小园，一般的士大夫并无雄厚财力建造豪华园林，但却能在一个小园之中找到精神的归宿。

庾信《小园赋》曰："一寸二寸之鱼，三竿两竿之竹。云气荫于丛蓍，金精养于秋菊。枣酸梨酢，桃楱李薁。落叶半床，狂花满屋。名为野人之家，是谓愚公之谷。"园林虽小，境界却高。

园林最盛的时期是明清，南北均流行造园，"北土名园，莫多于都下；南中名园，莫盛于西湖"（明薛冈《天爵堂文集笔余》卷二）。

江南因地理环境得天独厚，园林更具特色，扬州、苏州、杭州等地园林遍地。这个时期也是江南文化极盛的时期。

图 8-3　文徵明看到的拙政园

园林是文人精神的后花园，在其中有着文人无穷的乐趣。

园林之中最重要的是假山怪石，它们是自然雅趣最好的表现形式。

建造假山的风气始于西汉，宋明时期颇为流行。江南园林中，多用太湖石建造奇峰阴洞，凿峭嵌空，造就了许多妙境奇景。

周密在《癸辛杂识》中提到，园林中假山之大者，"一山连亘二十亩，位置四十余亭"，让人叹为观止。

他又提到俞子清家的假山，秀拔有趣，更是奇绝罕见：

峰之大小凡百余，高者至二三丈，皆不事饾饤，而犀株玉树，森列旁午，俨如群玉之圃，奇奇怪怪，不可名状。……乃于众峰之间，萦以曲涧，甃以五色小石，旁引清流，激石高下，使之有声，淙淙然下注大石潭。上荫巨竹、寿藤，苍寒茂密，不见天日。旁植名药、奇草，薜荔、女萝、菟丝，花红叶碧。潭旁横石作杠，下为石渠，潭水溢，自此出焉。潭中多文龟、斑鱼，夜月下照，光景零乱，如穷山绝谷间也。

虽说是"假山"，却有着比真实的山水更多的意趣，这大概也是人们喜欢园林的原因所在。

二 莫将城市比山林：
城市与乡村

都市繁华

城市是人类文明的标志之一，是人类智慧的创造。

美国社会学家芒福德在《城市发展史》中已经指出，城市的起源更多的是精神性的需要，对于城市的起源和存在来说，这比实际生活的需求更为重要。

城市不只体现出政治、军事、宗教、经济、文化等功能，同时也为人们的闲雅生活提供了空间基础和物质条件。

与西方的城市相比，中国早期城市的政治功能更加重要。

张光直认为："中国最早的城市的特征，乃是作为政治权力的工具与象征。""中国初期的城市，不是经济起飞的产物，而是政治领域中的工具。"（《中国青铜时代》）并以三代迁都为例，说明迁都的原因不是战争、游牧、农业等因素，而是政治上的需要。"就动机而论，城市构筑其实是一种政治行动。"（《美术、神话与祭祀》）

但在宋代之后，中国城市的经济功能和娱乐功能逐渐增强，如日本汉学家斯波义信对于宋代商业与社会的研究（《宋代江南经济史研究》），美国汉学家施坚雅对中国晚近城市的研究（《中华帝国晚期的城市》），英国汉学家伊懋可对于上海的研究（《帝制后期中国的城市》），以及罗威廉对汉口的研究（《汉口：一个中国城市的商业和社会〔1796—1889〕》）等，都旨在证明城市在中国社会中发挥的经济作用超过政治作用。

两宋时期的商业化对城市的发展确实产生了巨大的作用，如薛凤旋就指出，宋代"城市经济的发展令城市发展出现新动力，也改变了城市的传统性质和土地利用结构。汉唐的行政型城市至此时已转型为商贸和娱乐型的新城市"（《中国城市及其文明的演变》）。

中国古代城市繁华的程度，在世界范围内都是很突出的，就像马可·波罗到了杭州后，感叹道："行在之大，举世无匹。一个人可以在那里寻到这么多乐子，简直恍若步入天堂。"

南宋偏安杭州，抱着收复故土的决心，所以把杭州称为"行在"，与临安的意义相通。马可·波罗惊叹杭州如同天堂，却不知（或者已知）中国人早就把苏杭以"天上"相称。后来著名的俗谚"上有天堂，下有苏杭"，更是流传至今。

人们在满足了基本的生活需求之后，就自然产生了奢侈消费的需求。

现代社会中，奢侈性消费占整体消费的比重很大，远远超出了实用性消费。

在古代社会中，有限的经济条件或许不能支撑起大众过多的奢侈性消费，但对于一些富贵阶层来说，这类的消费还是很多的。

明清时期，普通人的奢侈性消费也逐渐增多。在此背景下，明清时期的城市中，也出现了专门的休闲购物街区，以满足人们享受性的需求。

商店数量繁多，装潢布置考究，商品琳琅满目，花样翻新，这些商业街区成为城市奢华的象征。

城市中的享乐场所甚多，饭铺、客栈、酒店、茶肆、歌馆等应有尽有。

图 8-4　清徐扬《盛世滋生图》中苏州繁盛的商贸活动

清人顾公燮记述了苏州的娱乐生活："以吾苏而论，洋货、皮货、绸缎、衣饰、金玉、珠宝、参药诸铺，戏园、游船、酒肆、茶店，如山如林，不知几千万人。"（《消夏闲记摘抄》卷上）

台湾学者巫仁恕在《优游坊厢：明清江南城市的休闲消费与空间变迁》一书中，就聚焦于寺院、戏馆、游船、青楼、酒肆、茶店、蟋蟀局、鹌鹑局等具有代表性的城市休闲娱乐场所。

在城市的一些公共空间中，经常会有一些杂技表演，尤其是节假日，此类表演更是种类繁多，令人应接不暇。

如杭州西湖的苏堤，一直是江湖艺人表演的绝佳舞台："苏堤一带，桃柳阴浓，红翠间错，走索、骠骑、飞钱、抛钹、踢木、撒沙、吞刀、吐火、跃圈、筋斗、舞盘，及诸色禽虫之戏，纷然丛集。"（明田汝成《西湖游览志余》卷二十）

古代城市中有很多商业店铺，能满足人们的生活和娱乐需要。

《梦粱录》说南宋杭州城"户口浩繁，州府广阔，遇坊巷桥门及隐僻去处，俱有铺席买卖。盖人家每日不可阙者，柴米油盐酱醋茶。或稍丰厚者，下饭羹汤，尤不可无。虽贫下之人，亦不可免"。

这些铺席，虽以满足人们的基本需求为基本功能，但也能提供高级的奢侈性需求，以满足人们多层次的需要。

清代画家徐扬的《盛世滋生图》（俗称《姑苏繁华图》）展现了苏州商街的繁荣景象，其中有人物1.2万多人，船舶400余条，桥梁 50 余座，可辨认招牌的店铺近 260 家，戏曲场景 10 余处。

在近 260 家店铺中，包括以下这些类型：酒店饭店小吃饮食店铺 31 处，棉花棉布业 23 家，油盐糖杂货业 17 家，粮食业 16 家，丝绸店铺 14 家，衣服鞋帽手巾 14 家，钱庄典当业 14 家，医药业 13 家，图书字画文化用品 10 家，金银首饰珠宝玉器 8 家，瓷器 7 家，烟草 7 家，命相测字 7 家，凉席业 6 家，茶室 6 家，漆器业 5 家，铜锡铁业 5 家，灯笼业 5 家，蜡烛业 5 家，南货业 5 家，酱菜业 5 家，酒业 4 家，竹器业 4 家，染料业 4 家，柴炭业 3 家，船行 3 家，客栈 3 家，果品业 2 家，花木业 2 家，

图 8-5 《盛世滋生图》中的苏州商业街

扇子铺 2 家，洋货 2 家，皮货业 1 家，麻行 1 家，猪行 1 家，乐器店 1 家，澡堂 1 家。(范金民《清代苏州城市工商繁荣的写照——〈姑苏繁华图〉》)

商业店铺很多，店铺多以招幌来引起顾客注意。

招徕生意，广为现代人所熟知的就是酒旗，其实其他店铺亦是如此。

用招幌或用实物、图像和符号、文字等作为招牌，"善贾者招之以实货，招之以虚名，招之以坐落、门面、字号，而总不若招牌之豁目也"(清李光庭《乡言解颐》卷四)。

招牌作为古代的一种视觉广告，具有无法取代的作用。同时，这些精心制作的招幌，也起到了美化城市环境的作用。诸多有关都市繁华的体验和描写，都依托在这些色彩斑斓的招牌上。

宋代城市中有瓦肆勾栏，是专门用以娱乐的空间，其中有杂剧表演、讲史、傀儡戏、影戏、杂技等，也有一些店铺售卖东西。

城市中瓦舍数量很多，《东京梦华录》记载开封有 50 余座勾栏，名为象棚的勾栏是规模最大的，可容纳数千人，实属壮观。

瓦舍之中热闹非凡，"不以风雨寒暑，诸棚看人，日日如是"。如此消遣娱乐的所在，让人沉迷其中，"终日居此，不觉抵暮"。

城市之中有专门的商业演出群体，为大众提供丰富的娱乐节目："吹弹、舞拍、杂剧、杂扮、撮弄、胜花、泥丸、鼓板、投壶、花弹、蹴鞠、分茶、弄水、踏混木、拨盆、杂艺、散耍、讴唱、息器、教水族飞禽、水傀儡、鬻水道术、烟火、起轮、走

线、流星、水爆、风筝，不可指数，总谓之'赶趁人'，盖耳目不暇给焉。"（宋周密《武林旧事》卷三）

城市与乡村

城市总是流行时尚起源与兴盛的地方。德国哲学家西美尔称时尚其实是一种模仿，往往是社会中地位较低的阶层模仿地位较高的阶层。

在城市与乡村这一组关系中，城市也常常是乡村的模仿对象，当城市中的居民穿着不合潮流时，就常被讥讽为"乡下人"，此风似乎至今犹存。

明嘉靖时的《宣府镇志》说："城市中，绝无男子服裤衫两截者，有之则众笑曰'村夫'；绝无妇人戴银簪珥者，有之则众笑曰'村妇'。"

且不去评价其中包含的歧视眼光，只就风尚之流动来说，大概足以证明城市才是时尚的引领者。

有趣的是，在城市与乡村的关系中，城市因农村不合时尚而嘲讽之，乡村则会因城市太过于商业化而批判其道德的衰落。

在中国传统价值体系中，重农抑商的观念深厚，多视商业为"不劳而获"的牟利行为，而农业的耕作方式才体现了有劳而获的价值取向。

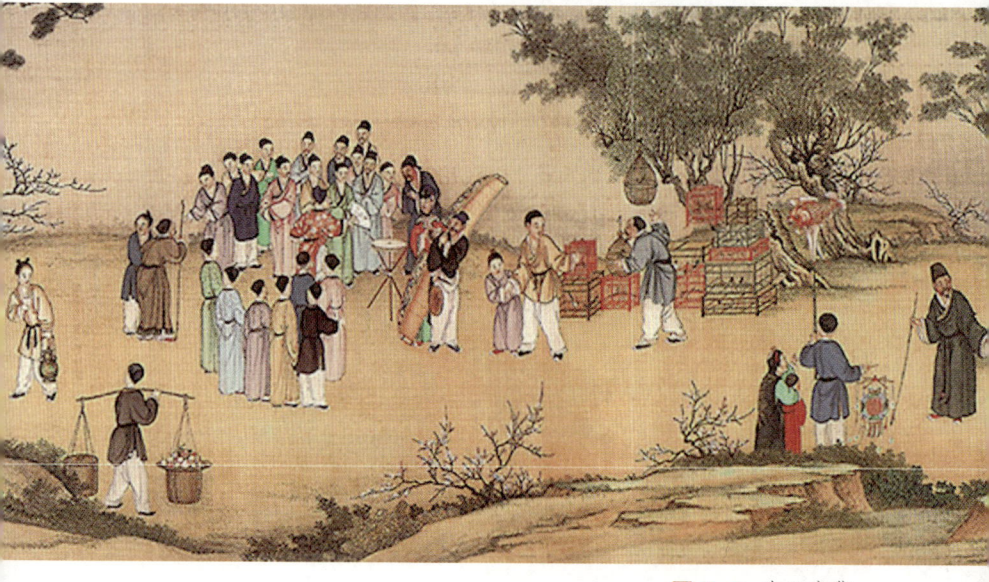

图 8-6　春日市集

　　民国时期的社会学家李景汉在《定县社会概况调查》中谈道："城市的娱乐虽是重要，乡村的娱乐尤其重要，因为乡村的生活简单，各种文化的机关缺乏，社会团体的生活太少。这样，农民除了耕种收获，娶妻生子，新年酬酢，逛庙烧香，墙根底下谈天等等以外，很少有别种复杂社会的生活，尤其是社会的娱乐。"

作为乌托邦的乡野世界

　　中西早期文献中对于城市多持赞美的态度，对乡村则视之为荒落和穷僻之地。

图 8-7　文人理想中和谐恬静的乡村世界

　　而在现代人的观念中，尤其是对大多数人文学者来说，对于城市多持批判的态度；对乡村，则认为那是浪漫与纯净之地。

　　对于城市和乡村看法的转变，在中国大概是魏晋时期，西方则在文艺复兴时期。转变的原因，乃是城市所代表的"文明"显露出许多弊端，使得人们转而向乡野寻找精神的栖息地。

　　文明的本质是人为，乡野的本质则是自然。在这一城市和乡村对立的视野下，对于乡野的赞美，虚构和想象的因素远大于现实，或可说，这样的乡野世界，乃是被建构起来的一种"乌托邦想象"。

　　在中国的城乡结构中，虽然城市在行政、军事上居核心地位，但在文化认同上，乡村则一直是中国人，尤其是士大夫的心灵栖息之地。

德国社会学家马克斯·韦伯认为："在一般情况下，所有中国人都被归属于某一个被认为是田园牧歌风格的自然村庄，不管是在正式场合（通过法令规定，要在自己家乡所在的行政区登记），还是在非正式场合（通过多愁善感的同乡和血缘联系）。"

在马克斯·韦伯看来，中国城市中的居民，并非以栖身的城市作为归属地，而是把血缘和原籍村落当作认同感的核心，所以马克斯·韦伯说："'城市'从来就不是'故乡'，对于其大多数居民来说，只不过是典型的远离家乡的一个地方而已。"（《中国宗教》）

竹篱茅屋真吾家：
居住空间与生活理想

居住环境与选择

居住空间的选择、营造和布置，足以看出一个人的生活情趣。惜乎除了豪贵之外，普通人在历史中的多数时间里无法在住宅方面达到充分的自由，就像今日多数中国人也还在为住房奔波操劳。

古代贫寒之家自不用说，居住条件非常恶劣，常是茅屋遮雨；普通人家的住房也极为简朴。

城市之中，人口繁多，空间逼仄，很早就出现了楼房，以解决房少人多的问题，如南宋的杭州城，"户口繁夥，民居屋宇高森，接栋连居，寸尺无空，巷陌壅塞，阶道狭小"（宋吴自牧《梦粱录》卷十）。在有限的空间中，居住条件也有很大局限。

然而富贵之家，宅邸往往豪奢无度，如司马光所言："宗戚贵臣之家，第宅园圃，服食器用，往往穷天下之珍怪，极一时之鲜明。惟意所致，无复分限。以豪华相尚，以俭陋相訾。厌常而

好新，月异而岁殊。"(《论财利疏》)

这些装饰华丽、高大雄伟的府邸，常会引来社会上的批判之声，欧阳修就写道："碧瓦照日生青烟，谁家高楼当道边。昨日丁丁斤且斫，今朝朱阑横翠幕。主人起楼何太高，欲夸富力压群豪。"(《寿楼》)普通茅屋瓦舍之中，突然出现一两处豪宅，确实很招摇

官方对于建筑的格局、装饰等方面，有着严格而具体的规定，如宋代就明确要求："凡民庶家，不得施重栱、藻井及五色文采为饰，仍不得四铺飞檐。庶人舍屋，许五架，门一间两厦而已。"(《宋史·舆服六》)

这些规定，一方面是警示社会上的侈靡之风，强调俭朴节用；另一方面也是通过对于居第的规划，来强化阶层之间的身份和地位。

风水

中国人很讲究居住环境的选择，广为流行的风水之术，如果抛开其中神秘和迷信的因素，可以看作是中国古代的环境科学。

建筑学者汉宝德在《建筑桃花源》一书中说："自古以来，风水是构成我们民族思想形态的一部分，在国人传统行为模式与生活观念里占有重要地位。""自明代以来，风水实际上是中国的

建筑原则，风水先生实际上是中国的建筑师。"

被誉为"风水圣经"的《宅经》与《葬书》，分别是阳宅和阴宅（墓地）的环境选择指南。

在《葬书》中，最重要的风水原则是这样表达的："气乘风则散，界水则止，故谓之风水。风水之法，得水为上，藏风次之。"

风水术非常复杂，但简单来说，就是通过选择山川形势，通过风与水的藏聚和围护来保存"生气"。

山和水是其中最重要的因素，所以古人对居住环境的选择尤重山水。南宋罗大经说："余行天下，凡通都会府，山水固皆翕聚。至于百家之邑，十室之市，亦必倚山带溪，气象回合。"（《鹤林玉露》丙编卷六）周密亦说："人家住屋，须是三分水，二分竹，一分屋，方好。"（《癸辛杂识》）

有山有水，有树有竹的环境，不用风水先生来提醒，普通人自然也能感受到这是怡人宜居的环境。

文人的居住理想

最重视居住空间的精神和人文内涵的是士大夫群体。他们会在现有条件下尽可能地追求符合自己趣味的雅致环境，以此来安顿心灵。闲雅的生活理想，更是需要优雅的空间作为依托。

"缙绅喜治第宅"（明谢肇淛《五杂组》卷三），古代士大夫喜

图 8-8 文人理想的居所

图 8-9 上图细部

图 8-10 文徵明眼中充溢着浓浓文人气息的居住环境

欢经营宅第，或穷极土木，广奢华丽，或清静幽雅，淡泊明志，无不费尽心思。

南宋丞相赵鼎悉心经营临安太庙南面寿域坊的宅第，"奇花嘉木，环植周围。堂之四隅，各设大炉，为异香数种。每坐堂上，则四炉焚香，烟气氤氲，合于坐上，谓之香云"（《宋人轶事汇编》卷十四），宛若仙境一般。

郑板桥曾谈到自己建造宅院的计划，大概可以代表士大夫关于居住环境的理想：

吾弟所买宅，严紧密栗，处家最宜，只是天井太小，见天不大。愚兄心思旷远，不乐居耳。是宅北至鹦鹉桥不过百步，鹦鹉桥至杏花楼不过三十步，其左右颇多隙地。幼时饮酒其旁，见一片荒城，半堤衰柳，断桥流水，破屋丛花，心窃乐之。若得制钱五十千，便可买地一大段，他日结茅有在矣。吾意欲筑一土墙院子，门内多栽竹树草花，用碎砖铺曲径一条，以达二门。其内茅屋二间，一间坐客，一间作房，贮图书史籍、笔墨、砚瓦、酒董、茶具其中，为良朋好友后生小子论文赋诗之所。其后住家主屋三间，厨房二间，奴子屋一间，共八间，俱用草苫，如此足矣。清晨日尚未出，望东海一片红霞；薄暮斜阳满树，立院中高处，便见烟水平桥。家中宴客，墙外人亦望见灯火。南至汝家百三十步，东至小园仅一水，实为恒便。或曰："此等宅居甚适，只是怕盗贼。"不知盗贼亦穷民耳，开门延入，商量分惠，有甚么便拿甚么去；若一无所有，便王献之青毡亦可携取，质百钱救急也。吾弟留心此地，为狂兄娱老之资，不知可能遂愿否？

（《范县署中寄舍弟墨第二书》）

图8-11　疏林茅屋

图 8-12 草屋蒲团

林语堂称此段文字"可以说是中国文学的典型情绪","内容天真可爱，堪列于世界伟大作品之林"。(《吾国与吾民》)

文人宅第之中，各种家居摆设均有讲究，如书房，床、几、桌、椅、屏帷、笔砚、琴、书等，均是必备之物。

明清时期，工商经济发达，成功的商人开始模仿文人的生活方式和行为习惯，他们建造文人特色的宅院、花园和书斋，购置文人风格的家具和用品。

与此同时，文人则避开追求器物的华丽与奢侈，更加注重物件的雅致与情趣，以此与其他阶层进行区隔，通过对雅俗标准的强化，来凸显自己的文化身份。(巫仁恕《品味奢华：晚明的消费社会与士大夫》)

文震亨的《长物志》简直就是一本文人趣味生活和雅致

器物的指南。

英国收藏家马科斯·弗拉克斯长年收集中国文人书房木作小件，在其著作《士林典藏：稀见木作小文房》中，他非常强调书房这一空间对于文人的特殊意义，而书房中的小物件，更是寄托了文人的文化精神："那些朴实的佚名匠人制作的精彩文房小件，置于书房之中，抵消了世间的浮华之风。它们置于画案书桌，是保卫文人们文化和审美的最后堡垒，而此种文人之'道'，正是中国文化与艺术的立足基石。"（陈阳、杨晓海译文）

物质之中自有精神在焉。

箫管迎龙水庙前：
庙会与集市

庙会与地理空间

在古代社会中，庙会是一个非常重要的空间。

庙会的起源是宗教性的，但逐渐增加了世俗功能，比如消遣娱乐、经济活动、社会交际等。

庙会常常辐射一个地理区域，这个区域有时和行政区（如某县、镇、村等）相重合，但有时却会跨越不同的村庄和乡镇。

就文化联系和经济联系来说，以庙会为中心形成的地理空间内在联系的紧密性，要远远高于单纯的行政区域，由此庙会在民间社会中具有独特的空间纽带作用。

正如民国时期的《新河县志》所言："各村庙宇多有年会。届期商贩咸集，游人如织，丰收之年，辄演剧助盛。庙会者，实农村一大交易场及娱乐场也。医卜星相之流，及说书、幻术、技击、西洋镜、大兴棚等杂技，亦搭棚献艺。善男信女，执乐送经进驾（纸糊之宅第），或祝福、或求子、或求寿、或还愿。又有大开赌场者。"庙会实在就是农村娱乐的大集合。

宗教功能

庙会，顾名思义首先要有庙，而庙总是因宗教功能而设立的。

古代社会中"村各有庙，户各有神"（民国《冀城县志》），全国到底有多少寺庙？

康熙六年，礼部根据各地巡抚汇报的资料，统计出全国佛寺道观近八万处，但据现代学者的考证，数量远不止此。

庙本是朝拜祖灵的场所，原来只是指祖庙，后来开始为神立庙，"为神立庙者，始三代以后"（段玉裁《说文解字注》）。

庙会最盛的地方往往是庙中所奉之神最受民众崇拜的，如城隍庙、土地庙、关帝庙、娘娘庙、药王庙、龙王庙等。唐李约《观祈雨》曰："桑条无叶土生烟，箫管迎龙水庙前。"写的就是在龙王庙前歌舞祈雨的情景。

在庙会中，一般都有祭祀活动和娱神表演。

祭祀以庙宇供奉的神灵为主要对象，娱神表演包括社火、赛会、唱戏等。

尤其是赛会，抬出神像出巡，出巡的路线一般会涵盖周边区域主要的繁华街道，出行阵容盛大，杂有仪仗和杂戏，善男信女跟随其后，浩浩荡荡，成为庙会最为高潮的部分。清代学者龚炜如此描述江南庙会中的赛会奇观：

> 每当报赛之期，必极巡游之盛。整齐执事，对对成行；装束官弁，翩翩连骑。金鼓管弦之迭奏，响遏行云；旌旆幢盖之飞扬，辉生皎日。执戈扬盾，还存大傩之风；走狗臂鹰，或寓田猎之意。集金珠以饰阁，结绮彩而为亭。执香者拜稽于途，带枷者匍匐于道。虽或因俗而各异，莫不穷侈而极观。（《巢林笔谈》卷二）

这应当是农村中最为盛大的活动了。

图 8-13　山西洪洞广胜寺祈雨壁画

娱乐功能

庙会的宗教功能，在漫长的演化过程中逐渐被弱化，而娱乐性功能逐渐增强，在娱神的功能之上，又增加了娱人的功能。

人们在繁忙劳累的日常劳作之后，节假日通过庙会上的娱乐项目，得到放松与休息。

赵世瑜在《狂欢与日常：明清以来的庙会与民间社会》中，借用巴赫金的狂欢理论来分析中国的庙会。

在庙会的活动中，现实中的秩序暂时松弛，各种活动表现出粗放的、纵欲的、人性的特点，男女之大防有时也被临时打破。对于这些违反常规的行为，官方也以暂时性的宽容来对待，允许这些行为在一定限度之内发生。

狂欢的现象是世界各个文化和民族中都有的，这也是一种社会的自我调节机制，"民俗终岁勤苦，间以庙会为乐"（雍正《深泽县志》卷五），通过暂时性的松弛来纾解人的情绪和精神。

庙会中的戏剧是最受民间欢迎的娱乐项目。

在庙会中，戏台往往对着庙宇正殿，从位置来说也能说明演戏的重要性。

演戏的时间从一天到十多天不等，内容也是民众所喜闻乐见的。一般来说，有庙会就要演戏。

在有些地方，就算是寺庙被毁坏，唱戏的传统还会一直延续，如胡朴安《中华全国风俗志》提到，洛阳城内及周边的庙宇不下数十处，每到春夏季，各演戏三天，后来"虽庙屋塌，塑像已毁，而修理不难，戏必欲演也"。

商业功能

庙会还有一个重要的功能就是进行经济贸易活动。

由于城市中固定的店铺较多，所以农村比城市更依赖于庙会的贸易功能。

在农村，商业一般不太发达，如有些地方"境内无多商贾，平居一箕帚之微，无从购置"（光绪《文水县志》卷三）。在农村购置基本的生活必需品，和交换自家的农产品等，主要是通过集市和庙会来进行的。

农村都有一些定期的集市，而庙会则往往是一次综合性的大型集市。

在组织庙会时，组织者也会"招集商贾，贩鬻货物"（民国《襄陵县志》卷四），招徕商贩是庙会前期准备的重要内容，尤其是对于偏远地区来说。

庙会上出现的商贩，也并非全是职业商人，有不少是利用农闲时间做点小生意贴补家用的农民。这些临时的商人或在路边摆摊，或沿街叫卖，商品多为自家所产的食品、农产品、纺织品、工艺品、杂货等。

　　乡间的集市和庙会，因为有了这些小贩、摊商而变得繁荣和热闹。

　　流动商贩提供的商品种类繁多，《武林旧事》中提到的就有178种，这类商品都是大众生活所必需的，或者是对大众尤其是儿童具有很强诱惑力的，又或者是在一般的店铺不容易买得到的，总之是极具商业吸引力的。

　　流动性的职业商人游走于各地，参加各种集市和庙会，这些人被称为"客商"，当地有固定经营场所的商人则称为"坐商"或"坐贾"。

图 8-14 《盛世滋生图》中的清代集市

黄仁宇在《从〈三言〉看晚明商人》一文中谈到"坐商多由客商起家",大概的情况是,在没有太多资本积累的情况下,这些商人转辗各地从事客商,虽然辛苦,但经营成本较低,多能有些盈利,等积累了一些财富之后,就会租买店铺,固定下来,过上安定的日子。

图 8-15　宋代以儿童为主要消费对象的货郎

也有些坐商兼做客商，除了店铺经营之外，也会在周边区域流动，尤其是参加定期的集市和庙会。

庙会就是农村最大的交易市场和娱乐场所。

庙会中的交易物品以实用性日用品为主，也包括不太实用的消费品，和一些平日不易见到的奢侈品。

有些庙会根据农民的实用性需要，分化出很多专门的主题，如农器会、牲畜大集等，这些都是农村最基本的需求。

庙会交易的热闹场面，可以从《燕京岁时记》中看出一端："开庙之日，百货云集，凡珠玉、绫罗、衣服、饮食、古玩、字画、花鸟、虫鱼以及寻常日用之物，星卜、杂技之流，无所不有，乃都城内之一大市会也。"

在庙会上，"一日能消百万钱"。寺庙周围的"香市"，十分红火，张岱记述的西湖香市，场面惊人："殿中边甬道上下，池左右，山门内外，有屋则摊，无屋则厂，厂外又棚，棚外又摊，节节寸寸。"摊贩几乎无孔不入，而香市中的人数也非常之多："数百十万男男女女老老少少，日簇拥于寺之前后左右者，凡四阅月方罢，恐大江以东，断无此二地矣。"（《陶庵梦忆》卷七）

交际功能

河北的《张北县志》中对于庙会的诸种功能曾有一段非常有

名的总结，其中有两点如下：其一，"各乡农民该外、外该债务，结账还债，远隔一方，殊形不易，大多数规定会期，彼此接头，清结一切，无异他处标期"。

其二，"母女、姊妹出嫁后，晤面谈心，实属匪易，况系农家，终年劳碌，省亲看女，探亲访友，既无暇晷，亦无机会，借此会期，不约而同，均可会面，各叙衷曲"。

农民终年都要劳作，农闲时节一般还要做些副业，除了大型节日如春节，以及婚丧嫁娶之外，很难有专门的时间走亲访友，所以庙会是一个很好的机会，让距离稍远的亲友，尤其是远嫁的女儿，有机会和亲人见上短短的一面，略微纾解一下思念之情。

看戏是民间社会中最重要也是最受欢迎的娱乐活动。

根据美国农业经济学家卜凯（John Lossing Buck, 1890—1975）
20 世纪 20 年代对河北盐山县的调查报告，在各种娱乐项目中，
看戏的参与率是 93.3%，赌博参与率为 58%，露天游玩参与率为
28.7%，群体集会为 8.7%，饮酒为 30%（卜凯《河北盐山县一百五十
农家之经济及社会调查》），可见看戏在农村的参与度是极高的。

来华传教士麦高温在其著作《中国人生活的明与暗》中就敏
锐地观察到，"无论其他什么样的娱乐方式，没有一种能像戏曲
那样，在闲暇时给人们带来如此大的欢娱"。

戏曲的起源与功能

戏曲由来已久，最早多与巫术、祭祀、宗教活动有关。春祈
秋报、迎神赛会、神诞祭祖等场合，酬神娱人，唱戏是不可少的

活动，也是民间最热闹的娱乐项目。

王国维在《宋元戏曲史》中就说戏曲歌舞起源于巫术："歌舞之兴，其始于古之巫乎？巫之兴也，盖在上古之世。……巫之事神，必用歌舞。"巫师，就是"以舞降神"的人，通过歌舞，让鬼神凭附，以实现巫术的目的。

日本学者田仲一成在有关中国戏剧史的系列研究中，提出了"戏剧产生于祭祀"的观点，他认为："在祭祀活动时，降临的神（神尸）和迎接的巫之间进行对舞、对唱，其中的歌唱、舞蹈、动作、神谕、祝词等要素在未分化的情况下融合而成狂乱的附体动作。这些动作在神秘性消失进而转化为人们欣赏对象的过程中，原本包括在其中的歌舞、动作、对白等要素为适于人们观赏而分化独立，并被提炼美化，作为神灵降临故事的戏剧于是产生。同时，戏剧内容也可解释为：由巫祈求神赐福的祈福礼仪产生出'庆贺剧'，由巫降伏带来灾害的亡灵的攘灾礼仪使得讲述亡灵悲惨遭遇的'悲剧'诞生。"（《中国戏剧史》，布和译文）

尽管后来戏曲有了许多世俗功能，却一直保留有宗教、祭祀的功能。

演戏的形式有多种，有学者把江南民间社戏分为四类：年规戏、庙会戏、平安戏、偿愿戏。

年规戏又分为时令戏剧、应节戏、例行戏等，庙会戏又分为神诞戏、开光戏等。（蔡丰明《江南民间社戏》）

尽管戏曲一直没有完全摆脱宗教祭祀的功能，但后来也逐渐世俗化，承担了世俗娱乐的功能。"昔人演戏，只在神庙……凡人家有喜庆事，如生子、做寿、登科、出贡、入泮，往往搬演，则又不止酬神也。"（民国《同安县志》）由此出现了喜庆戏、寿诞戏、婚庆戏、登科戏、升官戏等。

演戏的场合非常多，"士绅谯会，非音不欢。而郡邑城乡、岁时祭赛，亦无不有剧"（清徐珂《清稗类钞》）。

戏曲的内容多为城乡民众所喜欢的题材，多从历史故事、民间传说中选取素材，包括忠孝报国、因果报应、侠义恩仇、爱情仇怨等主题。

看戏是古人生活中极为重要的娱乐活动，尤其是在农村。陆游《初夏》写道："剪韭腌菹粟作浆，新炊麦饭满村香。先生醉后骑黄犊，北陌东阡看戏场。"

临时的戏台

宋代的勾栏是专业剧场，此外，还有许多固定和不固定的演戏场所。

宫廷中的戏台、大户人家的戏台、茶园酒楼中的戏台等都是固定的，而庙会中的戏台、游船上的戏台等，算是临时性的。

古代演戏十分普遍，许多戏台都是临时搭设，架木为台，四周悬挂布幔，就可以开演了。清代顾禄的《清嘉录》说："二、三月间，里豪市侠，搭台旷野，醵钱演剧，男妇聚观，谓之'春台戏'，以祈农祥。"许多戏台搭建在旷野或田间空地："吴下风俗……如遇迎神赛会，搭台演戏……于田间空旷之地，高搭戏台，哄动远近男妇，群聚往观，举国若狂，废时失业，田畴菜麦，蹂躏无遗。"（清汤斌《汤子遗书》卷九）

因为看戏人多，还经常出现事故，"前挤后拥，台倾伤折手足"（清陆文衡《啬庵随笔》卷四），所以戏台周围还经常设置看棚和女台。

在临时性的戏台看戏，普通人席地而坐，富贵之人则可以搭设看棚。

《隋书·音乐志》载："（正月）十五日，于端门外，建国门内，绵亘八里，列为戏场。百官起棚夹路，从昏达旦，以纵观之。"可以看出观戏场面之大。所谓"起棚夹路"的棚，就是临

图 8-16 《盛世滋生图》展现的戏台与观戏活动

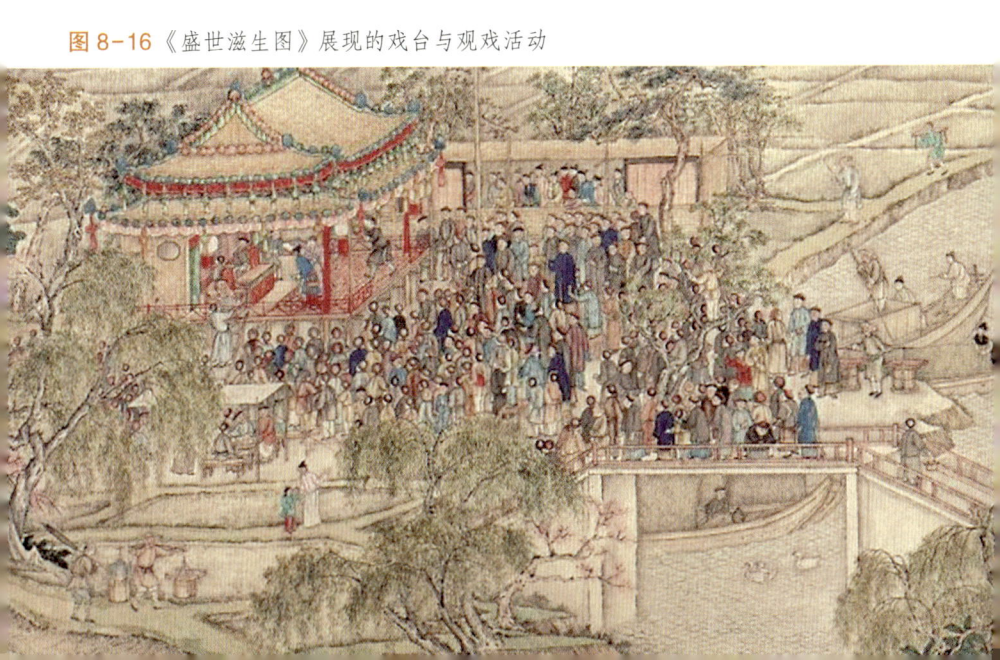

时设置的看棚，官员和富贵人家可以在里面看戏和休息。

《隋书·裴矩传》说："百官及民士女，列坐棚阁而纵观焉。"这种看棚有类于后来的包厢，只是条件差了一些。

看棚也是身份的象征，不是一般人可以随便进入的。《太平广记》中转述了一个故事：有个读书人叫赵琮，其岳父为钟陵大将，赵琮一直未能考中，妻族亲属及其岳父母都瞧不起他。

一次看戏，大家都坐在看棚之中，但赵琮的妻子和孩子因为衣着敝陋，亲族们用一个帷帘把他们隔开。看戏正酣，有人来报喜讯，赵琮高中，于是亲属们马上把帷障撤去，热情地拉赵妻与他们同席，还"竞以簪服而庆遗焉"。

女台是专为女性观众设置的，张岱《陶庵梦忆》说："余蕴叔演武场搭一大台，选徽州旌阳戏子，剽轻精悍，能相扑跌打者三四十人，搬演目连，凡三日三夜。四围女台百什座。"

女台也是一种看棚，专为女性准备，提供比较好的观看环境，也防止地痞流氓的骚扰。

临时的戏台并非都是简陋的，其中也有一些场面阔大，极为奢侈。如赵翼《檐曝杂记》提到乾隆十六年（1751）为皇太后寿辰所办庆典在京城搭设的戏台：

自西华门至西直门外之高粱桥，十余里中，各有分地，张设灯彩，结撰楼阁。天街本广阔，两旁遂不见市廛。锦绣山河，金银宫阙，剪彩为花，铺锦为屋，九华之灯，七宝之座，丹碧相

图 8-17 清代官员围坐戏台看戏

映，不可名状。每数十步间一戏台，南腔北调，备四方之乐，侲童妙伎，歌扇舞衫，后部未歇，前部已迎，左顾方惊，右盼复眩，游者如入蓬莱仙岛，在琼楼玉宇中，听霓裳曲，观羽衣舞也。……此等胜会，千百年不可一遇。

实在是奢侈夸张得惊人。

固定的戏台

宋元时期城市中商业性休闲娱乐场所叫瓦舍（或瓦肆、瓦市、瓦子等），里面专门的演出场所叫勾栏（或构肆、钩栏、勾阑等）。

《东京梦华录》中提到的瓦舍很多，有名的如桑家瓦子、中瓦、里瓦、朱家桥瓦、新门瓦、州西梁门外瓦、保康门瓦、州北瓦、宋门外瓦子等，其中桑家瓦、中瓦和里瓦中就有勾栏五十余座。勾栏有大有小，最大者竟能容纳数千人。

由于地点固定，各勾栏的演出内容丰富，各具特色，因此能吸引观众。

古代还流行在茶园酒馆中设置戏台，在观看演出的过程中，可以品茗饮酒、吃饭聊天，休闲内容更加丰富。

宋人吴自牧在《梦粱录》中说南宋临安"大凡茶楼，多有富室子弟、诸司下直等人会聚，习学乐器，上教曲赚之类，谓之挂牌儿"。

后来在茶园里看戏成了常态，清人杨懋建说："今戏园俱有茶点，无酒馔，故曰茶楼。"（《梦华琐簿》）也就是说，茶楼就是提供茶点的戏园。

近代以来，随着西方话剧和舞台技术的传入，中国传统的戏台和剧场也发生了革命性的变化。剧场的功能变得纯粹，舞台也变作新式舞台，使用声光电等新技术，表演和观看的效果也都焕然一新。

图 8-18　木偶戏，流传亦久

附　录　现代：西潮、都市与摩登

传统的生活方式在晚清以后发生了极大的变化。

　　鸦片战争之后，以上海为代表的几座城市开埠通商，外来文化及生活方式随之大量进入中国。

　　上海在晚清民国时期，迅速成为国际性的大都市，在其中混杂着传统与现代、东方与西方的各类休闲方式与生活方式。

　　现代生活方式最主要的展示空间就是现代都市。

　　都市生活节奏加快，压力增大，但因为商业的发达与技术的进步，以及现代生活观念的转变，都市中的娱乐生活也空前多样起来。

申江自是繁华地：
现代都市与日常生活

现代都市的形成

中国近现代的休闲生活有了巨大的变化，随着中西文化的交流，西方文明及生活方式被大量引入中国，尤其是西方现代的城市文明，更是对中国人的生活观念产生了巨大的冲击。

鸦片战争之后，沿海许多城市被迫开口通商，此后通商城市逐渐增多，到 1894 年，已经达到 26 个。

以上海为代表的现代城市很快变得非常繁华："申江自是繁华地，岁岁更张岁岁新。解取及时行乐意，千金一刻莫因循。"（袁祖志《沪上竹枝词续》）

这些城市开发速度惊人，原来的荒郊很快就成为繁华之地："四围马路各争开，英法花旗杂处来。怅触当年丛冢地，一时都变作楼台。"（葛其龙《洋泾竹枝词》）

这些城市在中西、古今文化观念与生活观念的交混之中，形成了许多新的面貌。通过这些城市的辐射，西方文明与生活方式也对周边的区域产生了一定影响。

城市之中的高楼大厦，雄壮巍峨，令观者惊叹："洋楼金碧耀生光，铁作栏干石作墙。幸得玻璃窗四面，宵来依旧月如霜。""百尺高楼四面离，中开窗隙置玻璃。洋楼更比蜃楼好，谁读坡仙海市诗。"（清佚名《春申浦竹枝词》）

上海之外的一些城市也非常繁华，如当时的汉口，"大厦高楼耸入云表，殆与称为东洋第一商埠上海之情形无少异同"（徐焕斗、王夔清《汉口小志》）。

现代都市，马路开阔，高楼林立，霓虹灯闪耀，俊男靓女盛装异服，走在城市街道之中，处处都是景观，逛街本身就是一种休闲方式。

城市景观

沿海通商城市的一切都给人以完全不同于往昔的视觉感受。

近代著名文人王韬初到上海，颇感惊异与新奇："一入黄歇浦中，气象顿异。从舟中遥望之，烟水苍茫，帆樯历乱，浦滨一带，率皆西人舍宇，楼阁峥嵘，缥缈云外，飞甍画栋，碧槛珠帘。此中有人，呼之欲出，然几如海外三神山，可望而不可即也。"（清王韬《漫游随录》卷一）高楼林立对中国人的视觉冲击很大。

中国传统建筑追求的是平面上的延伸，而西方的建筑则多在纵向上拔高，中西建筑的这种不同，有其文化、建筑材料以及宗教的原因。

在现代城市中，人口繁多，为了解决生存空间的问题，只能纵向发展，所以高楼就变得多了起来。

城市与消费主义

城市的兴起，商业的繁荣，更是激起了消费主义的热潮，竟至于有些人夸富逞豪。

《申报》中曾有一篇文章把社会中种种竞奢之风归为"七耻"：一耻衣服不华美，二耻不乘肩舆，三耻狎幺二妓，四耻肴馔不贵，五耻坐只轮小车，六耻无顶戴，七耻观戏就末座。（《申报》1873 年 4 月 7 日）

城市之中蔓延着奢华的气息，娱乐休闲生活空前丰富，遍布城市的酒馆、饭店、戏院、茶楼、电影院、西餐厅、咖啡馆、跑马场、旅馆、商场、舞厅等娱乐场所，处处充斥着迷人的气息，让人流连忘返。正如《申报》所言："沪地繁华甲于天下，仕宦商贾以及土著侨寓之辈，莫不习于奢靡。"（《申报》1880 年 2 月 8 日）

各个娱乐空间中，人们尽情享乐，一派繁华景象："只一戏馆，而一日一夜费至数千金。推之马车、东洋车、小车、烟馆、酒馆、妓馆、书馆，无益之资，诚不可以数计。据云，就租界一隅而论，日需瓜子四十石，蜡烛五六百斤，地火灯、洋油灯不在其内……习俗豪奢，至于此极。"（清黄式权《淞南梦影录》卷二）

商场与休闲

商场是现代城市的象征。

虽然古代也有繁荣的商业、林立的店铺、琳琅满目的商品，但现代的商场和休闲购物，却使人有着和古代购物完全不同的体验。

与传统店铺不同，现代百货商场是一个综合性的公共空间，包括商业、娱乐、休闲、交际等多种功能。

上海的商场内开设有旅馆、餐厅、游戏场、舞厅、理发厅、电影院、咖啡馆等，这些都是现代城市生活的重要组成部分。

晚清开埠以后，上海商场林立，被称为"百货公司之都"，商场洋房高耸，商品新奇，无物不备，人流如织，秩序井然，给人以现代、繁华的感觉。

上海的商场以"前四大公司"和"后四大公司"为代表。

"前四大公司"主要由英商开办，包括福利公司（Hall & Holtz，在沪创办的时间为 1843 年）、泰兴公司（Land Crawford，1862 年）、汇司公司（Weeks, 1877 年）和惠罗公司（Whiteaway

附-1　大新公司

附-2　永安公司

附-3　新新公司

附-4　先施公司

Laidlaw, 1904 年)，主要集中在南京路东端；"后四大公司"主要
由华侨企业创办，包括大新、永安、新新、先施，主要集中于南
京路西端。

商场除了是购物的场所，也是重要的城市景观。

古代的商店不提倡华丽的装饰和精美的摆设："凡店房，门

附-5 先施公司的屋顶花园

窗常要关锁，不得出入无忌，铺设不可华丽，诚恐动人眼目，此为谨慎小心。"(《新刻士商要览》)

但现代的城市和商场，则竞相装饰，以悦人眼目。

1920 年 9 月 17 日的《申报》曾刊登了一篇普罗公司装潢门面的报道，其中说普罗公司"其美丽为上海所仅见。窗饰之外，并有走廊，阴天及热天时，顾客观览窗饰，得以非常便适，即往来行人，亦觉利便。其走廊之外，尚有铁门，故夜间尽可点灯，窗饰任人观览，毫无顾虑。窗饰上部，均用精美之木料制成，其下则用花砖石，坚滑清洁，质料甚佳"。

这种优美环境的营造，也是商业营销的手段之一，通过刺激视觉来激发人的消费冲动。

公园与公共空间

古代园林虽多属私家或官家，属于封闭性的空间，但很多园林会在一些特殊的节假日向大众开放，成为公共性空间。在这一点上，古代园林与现代公园有一定的相似性。

如北宋开封的皇家园林"金明池""琼林苑"，每年在三月初一至四月初八会对大众开放。南宋杭州也有不少皇家御园经常对大众开放，也允许商贩在其中做生意："时承平日久，乐与民同，凡游观买卖，皆无所禁。"（宋周密《武林旧事》卷三）

但相比而言，现代的公园才是真正的公共空间。

1868 年，上海外滩建成"公家花园"，这是中国第一座公共花园。

公园由租界当局建设，但不许华人入内。后来静安寺建成公园，普通大众才得以游观。人们群趋而至："静安寺在城西北十余里……数百年来古刹也。寺旁多隙地，西人赁以杂莳花木，曲者直之，弱者扶之，惨淡经营，不遗余力。"

与商场、马路等公共场所相比，公园的环境更为优雅、闲适，是一个纯粹用于休闲的空间，所以也更受市民大众的喜爱。尤其是在夏日，公园成了消夏避暑的好去处："入夏以来，游人尤众。一至阳乌西匿，宝月东升，团扇轻衫，结队而至。或携仙眷，或挟雏姬，络绎道路。"（卧读生《上海杂志》卷六）

此后，上海还出现了申园、愚园、张园等公园，更多的人可以进入公园。

围绕公园的空间建造了很多商业性的娱乐场所，公园园内风景如画，周边有茶楼饭馆等配套设施，以满足人们的多元需求："静安寺左近之愚园焉，张园焉，可以看花，可以饮酒，并可以打弹以消遣，茗话以谈心，故有钱者，不惜所费。"（《申报》1896 年 7 月 16 日）

公园不只是一个公共娱乐空间，也代表着一个国家和社会的文化水准，就像时人所说："所谓一国文化的表征，可以由公园来窥见的……因为公园的积极设施，社会的教养，都概行提高。加之，更有了都市生产上能率的增进，都市全体，因能够有疲劳与困惫的灭亡上效果。"（《大公报》1929 年 2 月 1 日）

西洋物品

西洋物品在明末已通过来华传教士传入中国，鸦片战争之后，中外通商，外来物品开始大规模输入。西洋物品新颖独特、质优价廉，让中国人称羡不已，许多物品很快进入到普通人的日常生活之中。

郑观应在《盛世危言》中列举了日常生活中所见的西洋物品，计有五十多种：

食物类：洋药水、药丸、药粉、洋烟丝、吕宋烟、夏湾拿烟、俄国美国纸卷烟、鼻烟、洋酒、火腿、洋肉脯、洋饼饵、洋糖、洋盐、洋果干、洋水果、咖啡等；

用物类：洋布、洋绸、洋缎、洋呢、洋羽毛、洋绒、洋羽纱、洋被、洋毯、洋毡、洋手巾、洋花边、洋纽扣、洋针、洋线、洋伞、洋灯、洋纸、洋钉、洋画、洋笔、洋墨水、洋颜料、洋皮箱、洋磁、洋牙刷、洋牙粉、洋胰、洋火、洋油等；

玩好类：照相玻璃、大小镜片、铅铜铁锡煤斤、马口铁、洋木器、洋钟表、日晷、寒暑表等。

这些虽不是当时输入中国的西洋物品的全部，但从中可以看出外来物品与中国人的日常生活之间形成了高度关联。"通商以后，外洋货物鳞萃于斯，光怪陆离，奇技淫巧，非不赏心悦目，居民争购用之。"（李维清《上海乡土志》）

外来物品较之传统物品，在设计、材质、美观、功能等方面，都有很大不同，加上外来之物往往会带来新奇感，一些贵重物品也是身份的象征，而且西洋物品不断更新换代，所以使用最新西洋产品也成了时人竞相追逐的时尚潮流。

在近代中国，从上到下都流行洋货。这些洋货最初在大城市中流行，后来逐渐影响到内地和乡村。晚清有人谈到洋货流行的情况："道光季年，中外通商而后，凡西人之以货物运至中国者，陆离光怪，几于莫可名言。华人争先购归，以供日用。初只行于通商各口岸，久之而各省内地亦皆争相爱慕，无不以改用洋货为奢豪。"（《中国宜造洋货议》，《申报》1892 年 1 月 18 日）

二 竿灯千盏路西东：
城市中的照明

照明技术

现代城市最明显的一个特征，就是有了现代照明技术，比如让夜上海成了"不夜城"，由此也对人们的作息时间和生活方式产生了影响。夜色中，霓虹灯迷离闪烁，这常是影视中都市最经典的表现场景。

城市照明最初使用煤气灯，将城市点缀得极为炫目，就像一位1879年来上海的游客在日记中写的："晚则煤气火灯千百万盏，如列星。"（清王锡麒《北行日记》）

霓虹灯最早于1910年在巴黎出现，中国则是在1926年开始使用霓虹灯。当时在南京路上出现了皇冠牌打字机的霓虹灯广告，后来霓虹灯被广泛应用到商业广告、店铺招牌，构成了城市最炫目的风景。

就像民国时期一篇关于南京路的报道所写的那样，城市中的商场在夜间"甚至还在同太阳争胜，那样地从屋子的每一角都在放着强大的光线，仿佛在说就是太阳从此以后不再来临，也可从它们照明大地似的"（《大晚报》1935年3月20日）。

关于上海的竹枝词中，路灯的主题很多："竿灯千盏路西东，火自能来夺化工。不必焚膏夸继晷，夜行常在月明中。"（袁祖志《沪上竹枝词》）

煤油灯

传统照明工具主要是油灯，所使用的是菜籽油或豆油，亮度有限。"人燃灯，注豆油或菜油于盏，引以草心，光荧荧如豆。"（《南汇县续志》卷十八）

晚清以后，西方的煤油传入，大众遂普遍使用煤油灯。煤油灯的亮度是传统油灯的数倍，后来加上灯罩，灯光不易受到空气流动的影响，且油烟也不会四散，更加安全、干净。

据《南汇县续志》记载，在光绪初年，江南地区已经广泛使用煤油灯："有火油灯（引者按：即煤油灯），明亮远胜油灯，然煤灰飞扬，用者厌之；未几，加以玻璃罩，光益盛而无烟，且十光五色，或悬于空中，或置于几上，或垂于壁间，使光反射，其色各各不同，而又各各合用。于是，上而搢绅之家，下至蓬户瓮牖，莫不乐用洋灯，而旧式之油盏灯淘汰尽矣。"

不要小看这一小小的照明工具的变化，它直接影响到了人们在夜间的工作、消闲和娱乐方式。

随着照明工具的变化，夜间的活动变得更加丰富，由此也改变了人们对于白昼、黑夜的态度。

夜间活动的增多，反过来也让煤油灯成了生活必需品，不论是城市还是农村，都是如此。蒋梦麟在《西潮》中就说："煤油灯可以把黑夜照得如同白昼，这与菜油灯的昏暗灯光比起来真有天渊之别……大家买火柴、时钟是出于好奇，买煤油却由于生活上的必要。"

附-6　上海的煤气路灯

路灯

现代城市最大的变化之一就是开始使用路灯。

1865年，上海出现了煤气路灯，一时"光明如昼"，后来南京路装设了路灯，引得众人前去观看。

煤气灯较之煤油灯，亮度又大大增加，当时《申报》上的一则煤气灯广告说："盖以此火光照耀明亮，更胜于火油灯，且又无遗烬畏风之虞，并可省揩抹油腻等事。计每灯燃一点钟工夫，约须大钱十五文，合之寻常灯油费用固价廉而功倍也。"（《申报》1876 年 5 月 18 日）

煤气路灯的使用，完全改变了城市夜晚的景观，让白天的商业、娱乐活动在夜间也得以延续，夜晚生活变得丰富多彩。

在人们的观念中，白天是工作时间，夜晚则是休闲放松时间，有了新式照明条件，夜晚的城市完全变成了一个娱乐的世界，成为名副其实的不夜城："（煤气灯）初设仅有路灯，今即行栈铺面、茶酒戏馆，以及住屋，无不用之。火树银花，光同白昼，沪上真不夜之天也。"（卧读生《上海杂志》卷三）

电灯

19 世纪 80 年代之后，上海开始出现了电灯，其亮度和色彩，较之以前的煤气灯有极大的改观，给人以更大的视觉冲击。

晚上上街看路灯，成为城市中的一种时尚："每夕士女如云，恍游月明中，无秉烛之劳，有观灯之乐……行者，止者，坐于榻、倚于栏者，目笑而耳语者，口讲而指画者，洵可谓举国若狂矣。"（《论电灯之用》，《申报》1882 年 11 月 7 日）

把电灯装置得最为炫目的地方，除了南京路就是颐和园。

附-7　外滩的煤气灯（左）和外白渡桥的电灯（右）

1896年，为供慈禧享乐，颐和园"共悬灯二千余盏，每向晚生火上烛时，鼓动机器，发现光华，万点晶莹，愈于白昼"（《益闻录》1896年10月3日）。

随着西方现代都市生活和娱乐方式的传入，中国出现了全新的休闲娱乐方式。

　　尤其在1843年开埠之后，上海迅速成为"东方明珠""冒险家的乐园"，成了中国最洋化、最摩登的城市，各种西方新式娱乐方式蓬勃兴起，如电影院、美术馆、咖啡馆、西餐厅、跑马场、游艺场取代了以往的茶馆、戏院，成为新兴的娱乐场所。而舞厅是这些新的娱乐场所的代表。

　　1866年，清政府派遣使西的官员斌椿在日记中就记载了对于西方交谊舞会的观感，这大概是中国人有关西方舞会的最早记录之一。他写道："乐人于楼上奏乐，音乐铿锵。男妇跳舞十余次，武职衣红，文职衣黑，皆饰以金绣。妇人衣红绿杂色，袒肩臂及胸。珠宝钻石，项下累累成串，五色璀璨，光彩耀目。"（《乘槎笔记》）

　　基于"男女授受不亲"的观念，中国传统的舞蹈并不像西方舞蹈那样热烈奔放，所以交谊舞的传入，对中国人的观念产生了

附-8 "远东第一乐府"——百乐门舞厅

很大的冲击，同时也给都市中的青年男女以极大的吸引力。跳舞成了一时风潮："凡是年轻的男子和女子，非学会跳舞不能算是出风头。"（独鹤《中国人的跳舞》，《新闻报》1927 年 5 月 8 日）

旧上海有四大舞厅，分别是百乐门、仙乐、大都会和丽都。

建于 1932 年的百乐门舞厅极尽奢侈豪华，被誉为"远东第一乐府"，是民国时期中国舞厅的代表。

舞厅内主要跳的是来自西方的社交舞，如华尔兹、探戈舞、狐步舞、单步舞、双步舞、拉丁舞，舞伴之间近身搂抱，舞蹈或优雅或奔放，对舞者是极好的身心放松方式，对观者也是一种美的享受。就像周璇那首关于上海的最有名的歌曲《夜上海》所唱的那样："夜上海，夜上海，你是个不夜城。华灯起，车声响，歌舞升平。"

附-9 仙乐舞厅

　　由于现代的照明技术，上海成了"不夜城"。海派小说作家刘呐鸥在其作品《游戏》中，把霓虹灯下舞动的上海写得香艳而迷人：

　　在这"探戈宫"里的一切都在一种旋律的动摇中——男女的肢体，五彩的灯光，和光亮的酒杯，红绿的液体以及纤细的指头，石榴色的嘴唇，发焰的眼光。中央一片光滑的地板反映着四周的椅桌和人们的错杂的光景，使人觉得，好像入了魔宫一样，心神都在一种魔力的势力下……空气里弥漫着酒精、汗汁和油脂的混合物，使人们都沉醉在高度的兴奋中。

　　舞厅中的舞女最初以外国人为多，如俄国人、日本人、韩国人，后来中国舞女逐渐增多。

　　这些舞女中，有些是良家妇女，以此作为职业；有些是娼门女子，转入舞池；有些是电影明星，因舞女赚钱多而改行。

舞女亦有多种等级，当红舞女有的成为舞后、舞星，也有一般舞女和低级舞女。

舞池之中，男女亲密接触，虽可能涉及情色交易，但一般的舞厅还是以跳舞为主。张爱玲在《谈跳舞》中就说："现在的中国人很普遍地跳着社交舞了。有人认为不正当，也有人为它辩护，说是艺术，如果在里面发现色情趣味，那是自己存心不良。"

舞厅中的舞曲和乐队也很重要。

上海的舞厅乐队多由菲律宾人组成，到20世纪40年代末，上海活跃着十几支菲人乐队，如梯诺（Tino）、马罗（Moro）、康尼（Cony）、洛平（Robin）、勃比诺（Binbeno）。

舞曲风格以爵士乐为主，亦有中国民歌、戏曲曲调等。很多在舞厅流行开来的舞曲被广为传唱，成为经典。

如范烟桥作词，陈歌辛作曲，周璇演唱的《夜上海》，就成为代表老上海情调的经典歌曲。另如黎锦光作词曲的《夜来香》，吴村作词，陈歌辛作曲的《玫瑰玫瑰我爱你》。

舞厅成了都市奢靡生活的代表和象征，同时也交汇着浮华与肮脏，光明与黑暗："沧海桑田事易更，最繁华处最心惊。歌楼舞馆消魂地，鬼火当年夜夜明。"（袁祖志《沪上竹枝词》）

海派文学中，以舞厅为背景的作品很多，如施蛰存《薄雾的舞女》，穆时英《上海的狐步舞》《夜》《黑牡丹》《夜总会里的五个人》《被当作消遣品的男子》，刘呐鸥《两个时间的不感症者》，林徽因《一个谜的解答》。

　　舞厅是了解近代上海文化和娱乐生活的一个窗口，1928 年 9 月 4 日《盛京时报》的一篇文章中一个美国人这样说："吾人若欲知道近年来中国变迁的状况，只要到上海跳舞场内去考察就得了。因为此中考察所得，皆真确而实在，较读几十部著名的中国史为胜。"

　　但跳舞时两性之间的亲昵暧昧，沉溺于肉体狂欢，还是令很多人对此表示不满："男女同舞，脸儿相偎，手儿相持，腿儿相挟，脚跟儿随乐声而旋转，绿而暗的银缸，滑而莹的地板，好不销魂。哪里知道红粉骷髅不过昙花一现，转眼黄土青坟，何尝得到真善美。"（《大公报》1927 年 6 月 4 日）

　　有人因此把跳舞归为"新五毒"之一（其他四"毒"为女子剪发、白话文、恋爱、党军）。

四 海上风行请大餐：
西餐厅与咖啡馆

西餐厅

近现代城市中，餐馆的类型各式各样，西式餐厅林立，传统餐厅也多有改变，加上各种地方特色的美味，让本来注重吃喝宴请的中国人有了更多的选择。

上海的餐厅甚多，许多大饭店奢靡之风盛行："沪上之吃花酒者，一席十二三番，闹阔者日翻数台不止，则其费岂止万钱……即寻常在酒馆请客，一席之费，也得八九元，虽不至日日如是，而大本行家，与夫硕腹巨贾，竟有无日不上馆子者。"（《申报》1880 年 2 月 8 日）

中国最早的西餐厅，顾客主要是在华的西方人，后来中国人也开始尝试，并视之为时尚。

早期西餐厅多被称为"番菜馆"，多开在洋人聚居处。后来在很多商业地段，以及人流密集的地方，也能看到西餐馆。

公园兴起之后，游公园的人很多，公园周边形成了繁华

附-10 　上海一品香西餐馆（1917 年）

的休闲娱乐空间，这里就开设有西餐厅，如上海的申园"画栋珠帘，朝飞暮卷。其楼阁之宏敞，陈设之精良，莫有过于此者……楼下设弹子台数张……兼备西国酒菜"（清黄式权《淞南梦影录》卷一）。

上海早期著名的西餐馆有老德记、理查饭店、一品香、海天春、万年春、一家春、江南春、吉祥春等，虽取本土化的名字，但却都是典型的西式餐馆。

西餐的烹饪方式不同，口味与中餐也大不一样，引得中国人争相尝试："西人肴馔，俱就火上烤熟，牛羊鸡鸭之类，非配辣即腥膻，盖风尚不同，故嗜好亦异焉。近日所开一家春、一品香等番菜店，其装饰之华丽，伺应之周到，几欲驾苏馆、津馆而上之。饮膳则有做茶、小食、大餐诸名色。裙屐少年，往往异味争

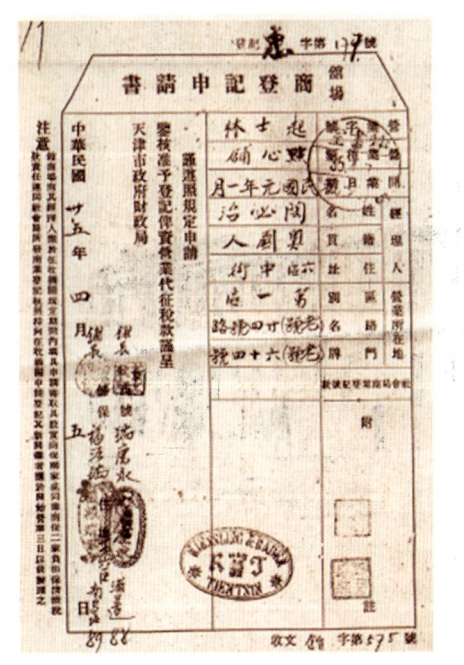

附—11 起士林西餐厅在社会局的登记证（1946 年），起士林是民国时期天津人吃西餐的首选

尝，津津乐道。"（清黄式权《淞南梦影录》卷三）

西餐厅受欢迎的原因，除了中国人猎奇、尝鲜的心理之外，环境干净整洁、安静优雅，和传统中餐馆的热闹喧腾迥然不同，这也是吸引人的地方："番菜馆为外国人之大餐房，楼房器具都仿洋式，精致洁净，无过于斯。四马路海天春、一家春、一品春、杏林春皆是也。人各一肴，肴各一色，不相谋亦不相让，或一二人，或十数人，分曹据席……向时华人鲜过问者，近则裙屐少年，巨腹大贾，往往携姬挈眷，异味争尝，亦沾染西俗之一端也。"（池志澂《沪游梦影》）

西餐的分餐制干净卫生，减少了传染疾病传播的机会；西餐注重营养搭配，有助于增强人的体质。这些都对中国人的饮食观念和饮食习惯产生了一定的影响。

西餐有其独特的程序和礼仪，这些对于中国人来说十分新奇。朱文炳的《海上竹枝词》就描述了中国人眼中吃西餐的过程和感受，读来有趣：

海上风行请大餐，每人须要一洋宽。

主人宴客殷勤甚，坐定先教点菜单。

主人独自坐中间，诸客还须列两班。

近者为尊卑者远，《大清会典》可全删。

大菜先来一味汤，中间肴馔辨难详。

补丁代饭休嫌少，吃过咖啡即散场。

（引者注：补丁，即布丁。）

纵饮休云力不胜，劝君且慢点香冰。

白兰地本高粱味，红酒何妨代绍兴。

点菜还须各自书，今朝例菜问何如。

免教搜索枯肠遍，不过猪排炸板鱼。

寿头最怕请西餐，箸换刀叉顶不欢。

还可照人敷衍过，要他点菜更为难。

咖啡馆

近现代城市中，虽然茶馆依旧十分流行，但新式咖啡馆已经开始出现，代表着一种新的生活方式和新式的公共空间。

咖啡是人类重要的成瘾性饮料，晚清时期来华的外国人把咖啡带入了中国。《广东通志》中记载，在广州的外国人，饭后会引用一种"黑酒"："有黑酒，番鬼饭后饮之，云此酒可消食也。"

此"黑酒"大概就是咖啡。

晚清出使西方的中国人，对于咖啡也有很多记载。

近代中国的许多咖啡馆，适应了现代的生活方式和审美趣味，不似中国传统的饭馆和茶楼那样喧闹。就像民国时期的一篇文章所谈到的那样，西式的餐馆和咖啡馆里，"温柔的灯光，雅洁的餐室……幽静怡悦的音乐"，令生活在快节奏城市中的人"把半天的辛劳，完全消除，把所有的烦恼，尽行溶解"（《漫谈新都三部曲之一》,《新都周刊》1943 年 3 月 10 日）。

这种新式的茶馆和咖啡厅给人的感觉是："不像家那么静寂，又不像写字间那么呆板的一个去处；在那里静地憩息一会，呷杯咖啡，抽枝烟卷，或是跟朋友撩撩天，甚至找些娱乐，寻点刺激，调剂调剂精神，然后带颗轻松而愉快的心回到家去。"（《漫谈新都三部曲之二：君子茶座》,《新都周刊》1943 年 3 月 17 日）

咖啡馆在西方被看作是一个重要的公共空间，在这一公共空间中，人们可以自由地进行休闲、交际、娱乐等活动，个体在其中享受充分的自由。

虽然中国传统社会中也有茶馆、戏园、餐馆等公共性质的空间，但和西方式的现代性公共空间还是有所不同。所以咖啡馆引入中国，同时也是引入了一种生活方式。

咖啡馆在社会中广受欢迎，有人就这样描述民国时期北京的咖啡馆：

北平之咖啡馆，近月来生气勃勃，座上客常满，杯中凌不空，早不似冬日之冷落。西单牌楼英林，东安市场国强，及葆荣斋，一至下午，皆应接不暇，户限为穿。摩登男女之饮咖啡热，可见一斑。英林以地近西单，各大学多近此，且特备幽密雅座，顾客以学生为多，便于两性谈心也。东安市场之国强，则以青年夫妇及已成功之爱人或外国兵光顾者为多，因其玻璃窗大，不便于新伴侣。葆荣斋则以女学生为多，座上女性数目常超过男性，是真习惯使然！此习惯何由而来？无从推测，大约女生特与葆荣斋有缘耳！（《北洋画报》1933 年 4 月 6 日）

鬼工拍照妙入神：
电影、照相及视觉娱乐

声、光、电等新技术的使用，给现代都市增加了斑斓的色彩，呈现出和古代城市完全不同的面貌，同时也给人不同于以往的视觉冲击，许多关于城市的体验，都会强调视觉的观感。在近现代的诸多视觉文化中，电影、照相、幻灯、画报等，都是十分有代表性的。

在近现代城市中，传统的娱乐场所依旧红火，如茶馆、书场、戏园、酒楼、妓院等，但也出现了一些新式的娱乐场所，其中最吸引人的当属电影院。电影给人极大的视觉冲击，是人们现代体验中最重要的部分。

电影的产生与传入

1895 年电影问世，1896 年 8 月 11 日，上海首次播放电影。刚开始影响范围有限，但很快就风靡开来。电影画面形象逼真生动，栩栩如生，让人叹为观止。就像近代一篇文章所说的那样："电影这一样玩艺儿，实在是欧美各文明国学问美术进化的一种大表记。不但能发显出各种景致，比如天然的那山水树木，人工的那楼台殿阁，并且能演出古今各种的历史，直把那天下古今奇奇怪怪的事，都缩在眼前……美哉！乐哉！二十世纪的人，竟能享这个眼福，真是古人梦想不到的事呀！"（《照妖镜》，《大公报》1909 年 8 月 2 日）

附-12　《定军山》剧照（谭鑫培主演）

　　1905 年，中国人自导自演了第一部电影《定军山》，这是中国电影诞生的标志。

　　1908 年，上海虹口大戏院建成，这是中国第一座电影院。

　　电影最初被称作影戏，大概中国人还是把电影看作是与传统影戏一类的东西，但很快就发现这是效果完全不同的两种体验。后来逐渐用电光影戏、电光活动影戏等名称来称呼电影，就是在突出强调电影的电光效果。1905 年之后，开始普遍使用"电影"一词。

　　在专业电影院出现之前，电影多在茶馆、戏园、餐馆等场

附-13　上海虹口大戏院

所放映。虹口大戏院建成之后，全国诸多城市陆续出现了一批电影院，如天津权仙电戏园（1906）、明星、光明社、新新，武汉后花楼影戏院（1907）、光明大戏院、上海大戏院、中央大戏院。

　　影院最多的城市还是上海。有一份统计报告显示，1927年全国共有影院106家，上海就有26家，著名的如奥登电影院、大光明电影院。

　　上海的电影院不但数量多，而且条件好，给人们的观影创造了极佳的环境，就如白先勇在《上海童年》中回忆的那样："当年上海的电影院也是全国第一流的。'大光明'的红绒地毯有两寸厚，一直蜿蜒铺到楼上，走在上面软绵绵，一点声音都没有。当时上海的首轮戏院'美琪''国泰''卡尔登'专门放映好莱坞的西片，《乱世佳人》在'大光明'上演，静安寺路挤得车子都走不通，上海人的洋派头大概都是从好莱坞的电影里学来的。"

电影与新感觉的形成

电影逐渐进入人们的生活世界之中，以全新的视觉方式，为中国人开启了一个迥异于以往的视觉世界，其视觉冲击力是其他媒介所不及的。可以说，电影这样的现代视觉媒介让人们的感官和观看世界的方式都发生了改变。

人们不但惊异于电影形式本身的神奇，也惊异于电影内容的多样，让足不出户的普通人也能了解世界的丰富面貌，眼界大开。

近代有人在总结电影的好处时就说："第一是开眼界，可以当作游历，看看欧美各国的风土人情，即如那名山胜水、出奇的工程、著名的古迹、冷带热带、各种景致、各种情形，至于那开矿的、耕田的、作工的、卖艺的、赛马的、斗力的，种种事情，真如同身历其境，亲眼得见一样。"（《看电影大有益处》，《大公报》1909 年 2 月 5 日）

幻灯

近代以来外国人带来的洋玩意儿中，有一种非常吸引人的东西，就是幻灯，当时又称为影戏。用灯箱投射图片于幕布之上，画面色彩鲜丽、内容丰富，如世界各地风光、各国人物、鸟兽虫鱼等，让观者惊叹不已。

葛元煦在《沪游杂记》中就详细记录了观看西洋影戏的场景："西人影戏，台前张白布大幔一，以水湿之。中藏灯匣，匣面置洋画，更番叠换，光射布上，则山水、树木、楼阁、人物、鸟兽、虫鱼，光怪陆离，诸状毕现。其最动目者为洋房被火，帆船遇风……他如泰西各国争战事及诸名胜，均有图画，恍疑身历其境，颇有可观。"

照相

1837 年，法国人达盖尔发明了银版摄影术。1839 年 8 月 19 日，这一技术向社会公布，这一天也被视为摄影术诞生的日子。

摄影术发明之后不久就传入中国，尤其是鸦片战争之后，沿海多个城市开始通商，大量外国人进入中国，带来了摄影设备和技术，并拍摄了许多照片。

摄影术诞生之后，因其技术不为人所理解，人们常以妖术视之，认为照相能摄魂，并对摄影加以排斥。法国文学家巴尔扎克就很怕照相。至今在一些民族中，还保留着对照相的排拒态度。

中国近现代社会中也流行着摄影能摄魂的观念，鲁迅《论照相之类》就曾说："照相似乎是妖术。咸丰年间，或一省里，还有因为能照相而家产被乡下人捣毁的事情。""S 城人却似乎不甚爱照相，因为精神要被照去的，所以运气正好的时候，尤不宜照。"

但随着人们对照相原理的了解，摄影术也逐渐"祛魅"，慢慢被大众所接受。在香港、广州、上海等地，开设了许多照相馆。

早期最受欢迎的是肖像照，古人有画像留影的习惯，但画像价格不菲，普通人家是难以承受这种高昂费用的。照相的价格便宜，且形象真实，所以广受大众欢迎。"鬼工拍照妙如神，玉貌传来竟逼真。技巧不须凭彩笔，霎时现出镜中人。"（清洛如花馆主人《春申浦竹枝词》）拍照逐渐成为普通人的时尚追求。

后　记

　　写作此书最初是应承中华书局上海公司原总经理余佐赞先生的提议。我对这个主题虽颇有兴趣，但却没有多少写作的勇气和信心。在余先生的坚持和鼓励之下，我最后决定冒险一试。之所以下此决心，除了余先生的诚意和我当时或多或少的冲动以外，更重要的是日常生活这一主题击中了我杂驳的兴趣。研习美学、文艺理论十数年，常会陷入一些枯燥的理论分析和琐碎的历史考证之中，尽管多数时间我也乐在其中。作为消遣，我平日喜欢乱翻一些新文化史和生活史方面的书，这些书常会让我感受到理论和考证之中较少具有的鲜活的历史细节、温润的生活激情及雅致的人生趣味。

　　但我还是多少低估了写作的难度，写作初期的兴奋，很快就遭遇了诸多困难。日常生活所涉及的领域几乎无所不包，有关资料浩如烟海，成熟的研究著述也所在多有，每一个小的切入点都能引申出一个专题研究来。一番斟酌之后，我尝试着对古人的日常进行分类，在每一类别之下选择一些主题进行解说，希望用以小见大的方式来窥探古人生活之一斑。但因为时间、篇幅，尤其是学识的限制，目前的书稿距离理想状态还有很远的距离。

此书最终得以完成，除了要感谢余佐赞先生锲而不舍的督促，中华书局上海公司的贾雪飞及其他几位编辑老师，也都提供了很多建议。尤其是承担本书责编的黄飞立兄，以其精细高效的专业能力，为书稿的完善付出了许多心血。感谢《人民日报·海外版》《探索与争鸣》等报刊发表了其中的一些内容。犬子呦呦很期待此书的出版，因为其中的许多主题就是我从他的生活及与他的交谈中获得的灵感。内子何凌霞是许多篇目的第一读者，她的一些专业意见，为书稿增色不少。同时也要感谢研究生贺勤、王洁、代浩、茹旗伟、刘文雅、王绮帮我校对部分书稿。

王宏超

2019 年 9 月 1 日于沪上

　　本书最早的文字是一篇关于午睡的小文。当时我儿子还在上幼儿园，他极不喜欢午睡，每天上学路上都会为此事而苦恼，这让苦于没有时间午睡的我大惑不解。在和他的交流中，我逐渐意识到，儿童和成人有着不同的时间观念。儿童生活在"当下"，此刻不困就不愿睡觉；成人却能生活于"未来"，会为未来的目标而改变现在，于是会为了下午精神好而预先午睡。这种对于时间的不同理解，也影响了各自对待午睡的态度。若从此一小事看开去，古今中外人们看待午睡的方式也是各不相同的，其中包含着时间意识、价值观念、审美文化等多重内涵。我当时就以《午睡的生活美学》为题写了一篇文章。这种以小见大的视角，也激发起了我研究的兴致，后来因中华书局的约稿，就沿此思路陆续写了一些小文，最后形成《古人的生活世界》这本小书，希望通过一些日常生活的细节，来重返古人的生活世界。

　　本书出版后，得到了一些师友和读者的认同与鼓励，也在香港三联书店出版了繁体字版。此后我基于"古人的生活世界"这一话题，又作了些延伸性的研究，但考虑到结构和体例等原因，这些新的内容没有纳入修订版中，希望将来能以其他形式呈现出来。新版改为彩色版，也弥补了初版中一些图片不甚清晰的遗憾。为了让这个版本更为精美，飞立兄花费了很长的时间来设计版式、选定图片、修订图片说明等，付出了远比我更多的心血，这是我在此要特别感谢的。

王宏超

2021 年 10 月 28 日